New ワクワク 日本語

NEW 와꾸와꾸 일본어 　入門

초판 1쇄 발행 2012년 3월 26일
초판 3쇄 인쇄 2019년 4월 11일

지은이 원미령·고이데 아야(小出亜弥)

펴낸곳 ㈜글로벌21
출판등록 2019년 1월 3일
주소 서울시 종로구 삼일대로15길 19 글로벌빌딩
전화 02)725-8282 팩스 02)753-6969
www.global21.co.kr

ISBN 978-89-8233-222-7 14730
　　　 978-89-8233-221-0 14730 (set)

New ワクワク 日本語

와꾸와꾸 일/본/어

원미령 · 고이데 아야 공저

入門

The One 더원

この本をお使いになる方へ

　本書は、学習者が入門段階から無理なく日本語の会話を身に付けられることを目標に執筆された『ワクワク日本語21初級』の改訂版である。

　改訂版とは言っても基本的な特徴は変わっていない。まずは新しい文型を導入するにあたって、その文型が使われる場面や状況を学習者が容易に理解できるよう、前面カラーのイラストをふんだんに用いた。ぜひイラストを十分吟味しながら学習してほしい。

　また、文法および文型においては、与えられた課題を遂行する中で、文法および文型を自然に習得し、教室で学んだことを実際の場面で活用できるよう配慮した。練習の際に実際に自分が現実の状況にいることを想像しながら課題をこなせば、学習効果は倍増するだろう。

　そして、限られた語彙の範囲内ではあるが、日本文化および事情について紹介することにより、学習者が学習意欲を維持できるよう努力した。

　改訂前との違いは、1課から3課に発音練習が入った点、1つの課で学ぶ文法項目が少なくなったと同時に、新しく学ぶ文法項目には簡単な説明が入り、全体的に易しくなった点、そして、別冊だった聴解問題が各課の最後に入った点である。なお、語彙に関しては、日本語関連の試験に必要な語彙をおさえてあるので、会話を学ぶと同時に試験に備えることもできる。

入門の構成

本書は、入門(unit1〜unit10)の10ユニットで構成され、各ユニットは次のような構成に
なっている。

- **Lesson Plan:** そのユニットで学習者が達成すべきコミュニケーション能力を提示した。
- **Activity:** そのユニットの学習目標を達成するために必要な文型を練習する。
- **Check Point:** 新しく学ぶ文法事項を、例文を通して身に付ける。
- **Let's Try:** Activityで学んだ文型が理解できたかどうか確認する。
- **Conversation:** Activityで学習した文型が入った会話文で会話を練習する。
- **Excercise:** そのユニットで学習した文型を再確認する。
- **Listening:** そのユニットで学習した内容が入った聴解問題を解く。

この本で扱う内容

UNIT	学習目標	文法 ＆ 表現	Activity
1	・発音練習（1）：清音 ひらがな：あ行・か行・ 　　　　　さ行・た行・ 　　　　　な行 カタカナ：ア行・カ行・ 　　　　　サ行・タ行・ 　　　　　ナ行		1．発音練習：あ行・ア行 2．発音練習：か行・カ行 3．発音練習：さ行・サ行 4．発音練習：た行・タ行 5．発音練習：な行・ナ行
2	・発音練習（2）：清音 ひらがな：は行・ま行・ 　　　　　や行・ら行・ 　　　　　わ行・ん カタカナ：ハ行・マ行・ 　　　　　ヤ行・ラ行・ 　　　　　ワ行・ン ・助詞：「は」、「へ」、 　　　　「を」		1．発音練習：は行・ハ行 2．発音練習：ま行・マ行 3．発音練習：や行・ヤ行 4．発音練習：ら行・ラ行 5．発音練習：わ行・ワ行・ん（ン）
3	・発音練習（3） ひらがな：が行・ざ行・ 　　　　　だ行・ば行・ 　　　　　ぱ行 カタカナ：ガ行・ザ行・ 　　　　　ダ行・バ行・ 　　　　　パ行 　　　　　ウィ・ウェ・ 　　　　　ウォ・ティ・ 　　　　　ファ・フィ・ 　　　　　フェ・フォ 拗音・促音・長音		1．発音練習：が行・ガ行 2．発音練習：ざ行・ザ行 3．発音練習：だ行・ダ行 4．発音練習：ば行・バ行 5．発音練習：ぱ行・パ行 6．発音練習：ウィ・ウェ・ウォ・ 　　　　　　　ティ・ファ・フィ・ 　　　　　　　フェ・フォ 7．発音練習：拗音 8．発音練習：促音 9．発音練習：長音
4	・あいさつ（1） ・自己紹介 ・持ち主をたずねる	・あいさつ ・人称代名詞 ・〜は〜です（か） ・〜は〜ではありません ・はい／いいえ ・何ですか ・説頭語：「お」「ご」 ・所有：「の」 ・「こ・そ・あ・ど」言葉（1） ・名詞＋だ（です） ・名詞＋ではない（ではありません）	1．あいさつ（1） 2．自己紹介 3．友だちになりましょう 4．誰のですか
5	・あいさつ（2） ・数を読む ・番号をたずねる ・時間をたずねる ・物を数える（1）：（〜つ）	・0〜10 ・〜時 ・〜分 ・何時ですか ・何分ですか ・〜から〜まで ・いくつですか ・ひとつ〜とお	1．あいさつ（2） 2．数を読んでみましょう 3．番号を聞いてみましょう 4．いま、何時ですか 5．いくつですか

UNIT	学習目標	文法 & 表現	Activity
6	・値段をたずねる ・買い物をする ・日にちを言う ・物を数える（2）：（〜本／〜杯）	・10〜億 ・いくらですか ・〜をください（おねがいします） ・〜月 ・〜日 ・〜曜日 ・〜はいつですか ・〜本 ・〜杯	1. いくらですか 2. 誕生日はいつですか 3. いつからですか 4. 数えてみましょう
7	・様子や状態を説明する（1） ・買い物をする ・売り場の位置をたずねる ・い形容詞の活用（1）	・〜い（です） ・〜くない（くありません） ・〜い＋名詞 ・ちょっと／とても ・〜階 ・体の各部分の名前（1）	1. どうですか 2. 状態を言ってみましょう 3. 買い物をしてみましょう 4. 売り場は何階ですか
8	・様子や状態を説明する（2） ・性格や性質を説明する ・な形容詞の活用（1）	・〜だ（です） ・〜ではない（ではありません） ・主客：「が」 ・どうですか ・あまり〜ない ・〜な＋名詞 ・体の各部分の名前（2） ・性格を表す言葉 ・接続詞：「でも」「それに」「そして」	1. どうですか 2. 生活環境について言ってみましょう 3. どんな人ですか 4. アンケートに答えてみましょう
9	・物の位置を言う ・物を数える（3）：（〜冊／〜枚）	・あります（ありません） ・〜は・・・にあります ・位置を表す言葉 ・どこですか（どこにありますか） ・物の名前 ・〜冊 ・〜枚 ・AとB	1. どこにありますか 2. どこですか 3. いくつありますか
10	・家族について話す ・人や動物の位置を言う ・人や動物を数える：（〜人／〜匹）	・家族の呼び方 ・います（いません） ・〜は・・・にいます ・〜人 ・〜匹 ・動物の名前	1. 何人家族ですか 2. どこにいますか 3. 数えてみましょう

この本の構成と使い方

• Lesson Plan

このユニットで学ぶ学習目標を提示しています。

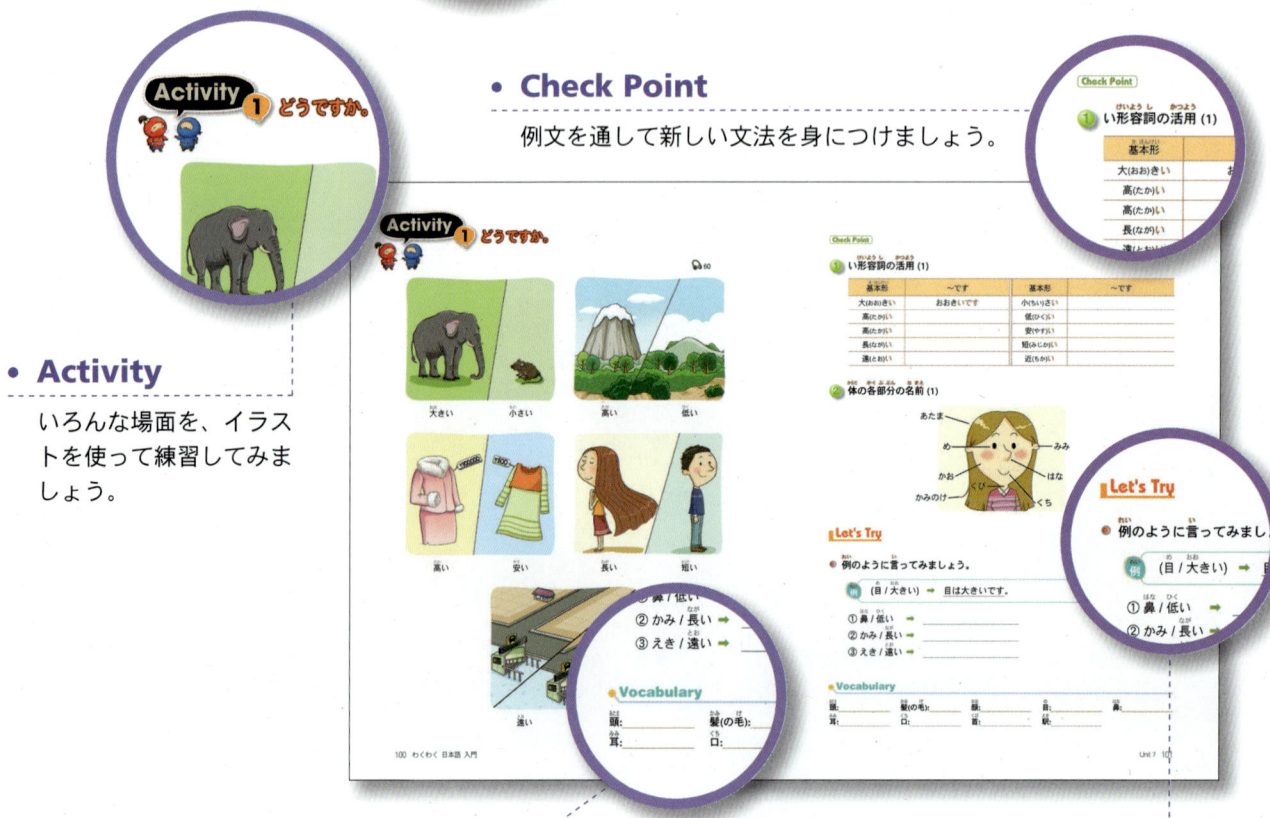

• Activity

いろんな場面を、イラストを使って練習してみましょう。

• Check Point

例文を通して新しい文法を身につけましょう。

• Vocabulary

新しく出た単語を身につけましょう。

• Let's Try

Activityで学んだ文型が理解できたかどうか確認しましょう。

• Conversation

Activityで学習した文型が入った会話文で会話の練習をしてみましょう。

• Omake

発音に注意して言ってみましょう。

• Excercise

学習した文型を、問題を通して確認してみましょう。

• Listening

学習した内容の入った聴解問題にトライしてみましょう。

Contents

Unit
1

FIGHTING

Lesson Plan 🎧 01〜10

五十音図：ひらがな

	あ [a]	い [i]	う [u]	え [e]	お [o]
k	か [ka]	き [ki]	く [ku]	け [ke]	こ [ko]
s	さ [sa]	し [shi]	す [su]	せ [se]	そ [so]
t	た [ta]	ち [chi]	つ [tsu]	て [te]	と [to]
n	な [na]	に [ni]	ぬ [nu]	ね [ne]	の [no]
h	は [ha]	ひ [hi]	ふ [hu]	へ [he]	ほ [ho]
m	ま [ma]	み [mi]	む [mu]	め [me]	も [mo]
y	や [ya]		ゆ [yu]		よ [yo]
r	ら [ra]	り [ri]	る [ru]	れ [re]	ろ [ro]
w	わ [wa]				を [wo]
	ん [n]				

五十音図：カタカナ

	ア [a]	イ [i]	ウ [u]	エ [e]	オ [o]
k	カ [ka]	キ [ki]	ク [ku]	ケ [ke]	コ [ko]
s	サ [sa]	シ [shi]	ス [su]	セ [se]	ソ [so]
t	タ [ta]	チ [chi]	ツ [tsu]	テ [te]	ト [to]
n	ナ [na]	ニ [ni]	ヌ [nu]	ネ [ne]	ノ [no]
h	ハ [ha]	ヒ [hi]	フ [hu]	ヘ [he]	ホ [ho]
m	マ [ma]	ミ [mi]	ム [mu]	メ [me]	モ [mo]
y	ヤ [ya]		ユ [yu]		ヨ [yo]
r	ラ [ra]	リ [ri]	ル [ru]	レ [re]	ロ [ro]
w	ワ [wa]				ヲ [wo]
	ン [n]				

はつ おん れん しゅう
発音練習：あ行

🎧01

[a]	あ		ア		
[i]	い		イ		
[u]	う		ウ		
[e]	え		エ		
[o]	お		オ		

Let's Try

① 次の単語を読んでみましょう。 🎧02

あい	いえ	うえ	あお

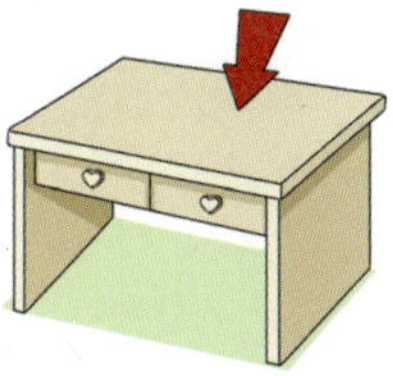

うお	アイス	ウイスキー

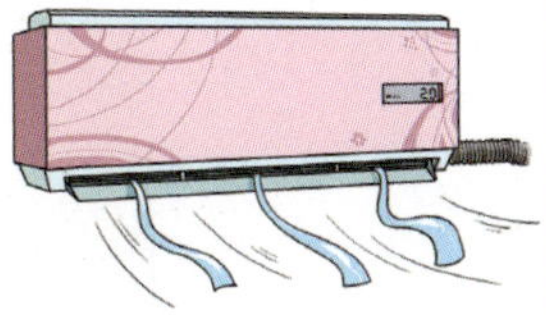

エアコン	オアシス

② 例のように □ の中に書いてみましょう。

例  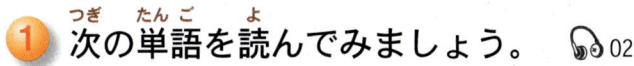 [ai] あ い

[ie] ☐ ☐   [ao] ☐ ☐

[aisu] ☐ ☐ ☐   [uisuki:] ☐ ☐ ☐ ☐ ☐

[ka]	か ①②③		カ ①②	
[ki]	き ①②③		キ ①②③	
[ku]	く ①		タ ①②	
[ke]	け ①②③		ケ ①②③	
[ko]	こ ①②		コ ①②	

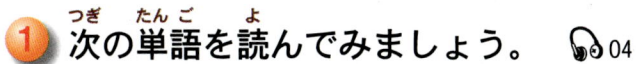

Let's Try

① 次の単語を読んでみましょう。 🎧04

かお	きく
いけ	こい

かき	カー
ケーキ	

クイズ

コーヒー

② 例のように □ の中に書いてみましょう。

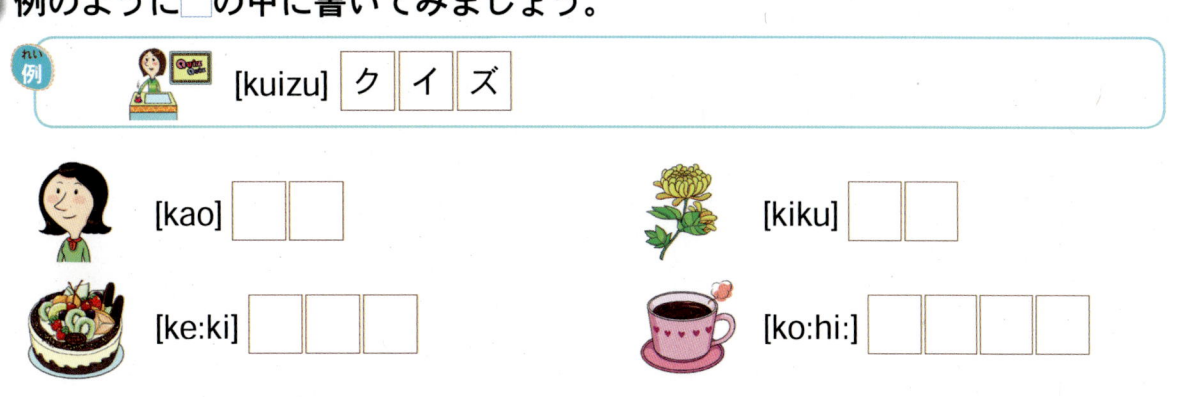

例 [kuizu] ク イ ズ

[kao] ☐ ☐　　　　[kiku] ☐ ☐

[ke:ki] ☐ ☐ ☐　　　[ko:hi:] ☐ ☐ ☐ ☐

はつ おん れんしゅう
発音練習： さ行
ぎょう

🎧 05

[sa]	② ①さ		②③ ①サ	
[shi]	①し		①③ ②シ	
[su]	①②す		①ス②	
[se]	③② ①せ		①②セ	
[so]	①そ		①②ソ	

Let's Try

① 次の単語を読んでみましょう。　🎧06

さけ	すし
せかい	しか

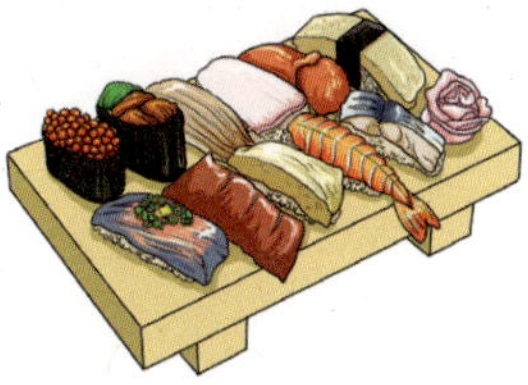

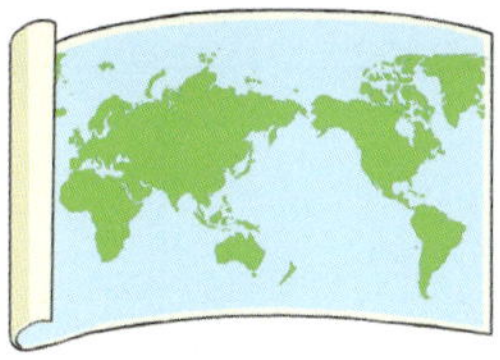

そこ 　サーカス 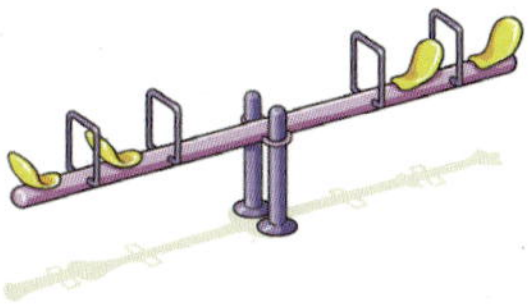　シーソー

スキー 　セーター

② 例のように □ の中に書いてみましょう。

例　[shi:so:]　シ｜ー｜ソ｜ー

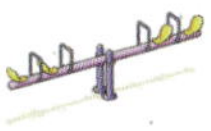

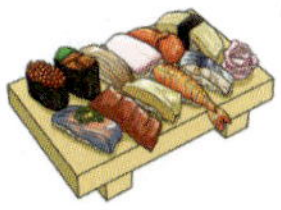

[sushi] □□　　　[sake] □□

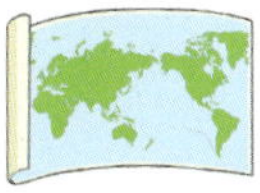

[sekai] □□□　　　[se:ta:] □□□□

Activity 4

発音練習：た行
はつ おん れんしゅう　　ぎょう

🎧 07

[ta]	た② ①③④			タ①② ③	
[chi]	ち①②			チ②①③	
[tsu]	つ①			ツ①②③	
[te]	て①			テ①②③	
[to]	と①②			ト①②	

Let's Try

1 次の単語を読んでみましょう。　🎧08

たこ	 ちかてつ	 つくえ	 とけい
 つき	 チーター	 ツアー	
	テニス	トイレ	

2 例のように □ の中に書いてみましょう。

例　[chi:ta:]　チ ー タ ー

[chikatetsu] ☐☐☐☐　　[tako] ☐☐

[tsua:] ☐☐☐　　[toire] ☐☐☐

[na]	な		ナ		
[ni]	に		ニ		
[nu]	ぬ		ヌ		
[ne]	ね		ネ		
[no]	の		ノ		

Let's Try

① 次の単語を読んでみましょう。 🎧10

すな	かに	いぬ	ねこ

きのこ	コーナー	カヌー

ネクタイ	ノート

② 例のように□の中に書いてみましょう。

例 [no:to] ノ ー ト

[suna] □□   [neko] □□

[kanu:] □□□   [nekutai] □□□□

1 □の中に適当な字を入れて完成させてください。

① う□　　② □お

③ □し　　④ □こ

⑤ □ク□イ　　⑥ ケ□□

⑦ □イレ　　⑧ コ□□ー

⑨ □アー　　⑩ □かて□

2 しりとりゲーム

① あい → い□ → □ーキ → □く → □□ズ

② すし → シー□ー → そ□ → □い → い□

③ いち → ち□□つ → □アー → □か → □□

③ クロスワード・パズル

①

1	**A**		
	2		**B**
	3		

よこのかぎ

1.

2.

3.

たてのかぎ

A.

B.

②

	A		
1			
			C
	2	**B**	

よこのかぎ

1.

2.

たてのかぎ

A.

B.

C.

Unit 2

Lesson Plan 🎧 11〜20

- 発音練習 (2)
  ひらがな
  は行・ま行・や行・ら行・わ行・ん
  カタカナ
  ハ行・マ行・ヤ行・ラ行・ワ行・ン

- 助詞:「は」、「へ」、「を」

Activity ① 発音練習：は行

[ha]	①②③ は		①② ハ		
[hi]	① ひ		② ① ヒ		
[hu]	① ② ③ ④ ふ		① フ		
[he]	① へ		① へ		
[ho]	① ② ③ ④ ほ		① ② ③ ④ ホ		

Let's Try

1 次の単語を読んでみましょう。 🎧12

はな

ひと

ふね

へそ

ほし

ハート

ヒーター

フルーツ

ホテル

2 例のように□の中に書いてみましょう。

例　[hana] は な

[hito] □ □

[ha:to] □ □ □

[hoshi] □ □

[hoteru] □ □ □

[ma]	ま			マ		
[mi]	み			ミ		
[mu]	む			ム		
[me]	め			メ		
[mo]	も			モ		

Let's Try

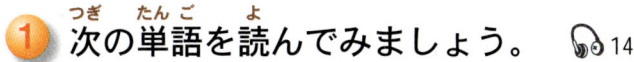

1 次の単語を読んでみましょう。 14

まめ

せみ

むし

くも

あめ

トマト

ミラー

ハム

メモ

2 例のように□の中に書いてみましょう。

例 [memo] メ モ

 [mame] □□

 [mushi] □□

 [mira:] □□□

 [hamu] □□

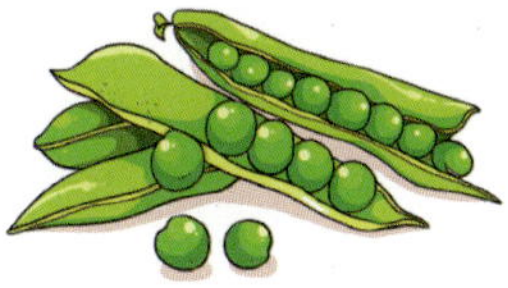

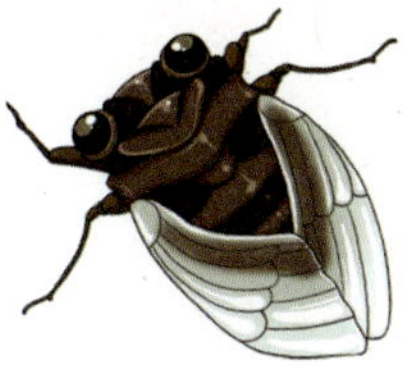

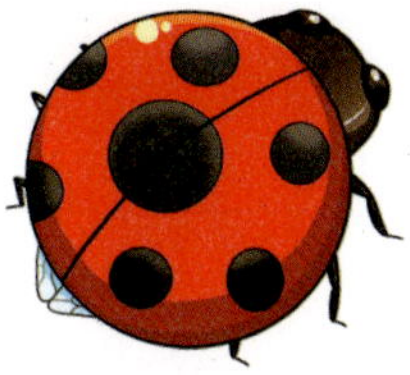

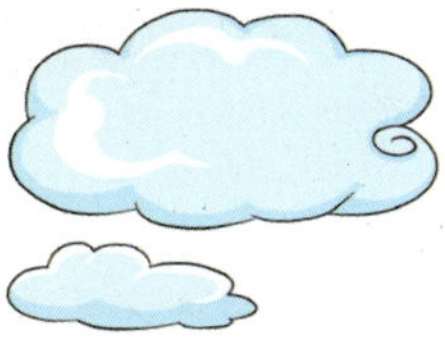

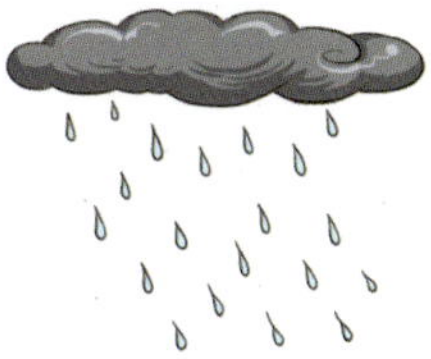

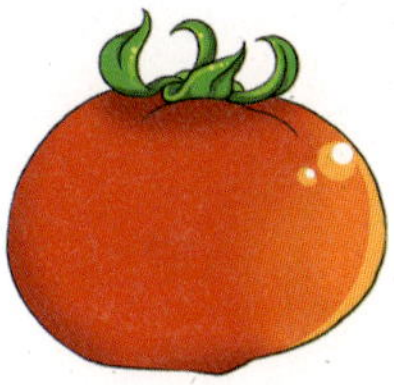

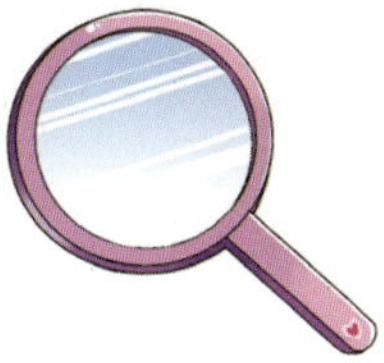

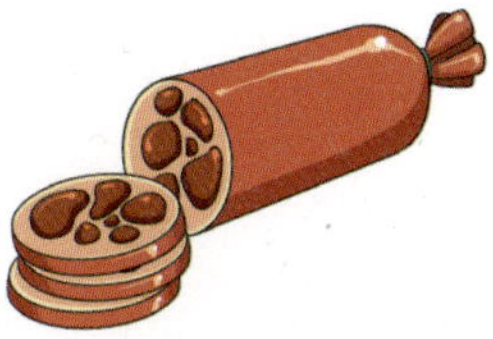

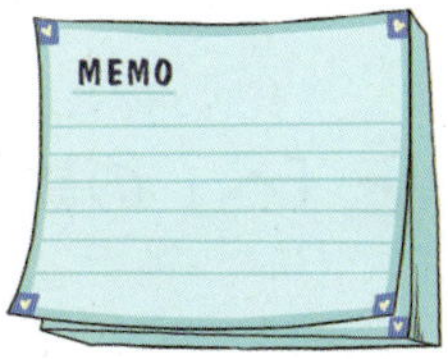

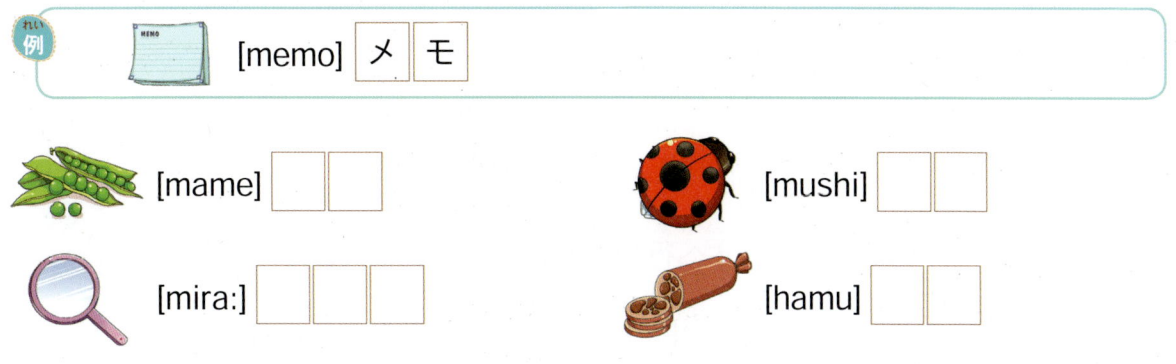

Activity 3

<ruby>発音練習<rt>はつおんれんしゅう</rt></ruby>：や<ruby>行<rt>ぎょう</rt></ruby>

🎧15

[ya]	や		ヤ		
[yu]	ゆ		ユ		
[yo]	よ		ヨ		

Check Point

🟢 <ruby>助詞<rt>じょし</rt></ruby>「は」と「へ」の<ruby>読<rt>よ</rt></ruby>み<ruby>方<rt>かた</rt></ruby>

① 「は」　<ruby>名詞<rt>めいし</rt></ruby>

 はな → [ha]　　 はこ → [ha]

<ruby>助詞<rt>じょし</rt></ruby>

わたしは<ruby>学生<rt>がくせい</rt></ruby>です。
↓
[wa]

② 「へ」　名詞

 へや → [he]　　 へそ → [he]

助詞

<ruby>来週<rt>らいしゅう</rt></ruby>、<ruby>日本<rt>にほん</rt></ruby>へ<ruby>行<rt>い</rt></ruby>きます。
↓
[e]

Let's Try

1 次の単語を読んでみましょう。 🎧16

やね	やま	ゆき	まゆ

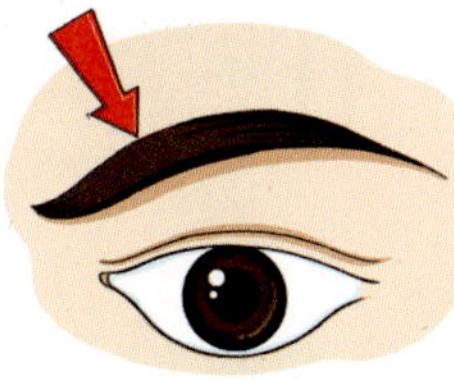

ひよこ	よなか	タイヤ

ユニホーム	ヨーヨー

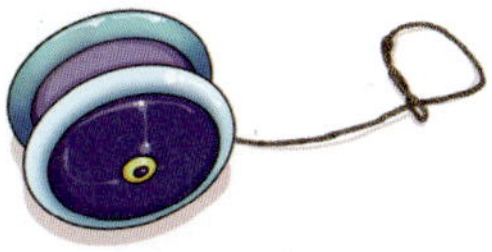

2 例のように □ の中に書いてみましょう。

例  [yama] や ま

[yo:yo:] ☐☐☐☐

[yonaka] ☐☐☐

[yuniho:mu] ☐☐☐☐☐

[yuki] ☐☐

<ruby>発音練習<rt>はつ おん れん しゅう</rt></ruby> ： **ら<ruby>行<rt>ぎょう</rt></ruby>**

17

[ra]	①② **ら**			①② **ラ**	
[ri]	①② **り**			①② **リ**	
[ru]	① **る**			①② **ル**	
[re]	①② **れ**			① **レ**	
[ro]	① **ろ**			①②③ **ロ**	

Let's Try

1 次の単語を読んでみましょう。 🎧18

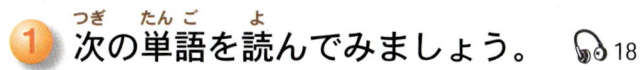

そら	 りす	 さる	 ゆうれい

ろく	コーラ	 ハイヒール

レストラン	ロシア

2 例のように □ の中に書いてみましょう。

例  　[risu] り す

6 [roku] □□ 　　　[resutoran] □□□□□□

[sora] □□ 　　　[haihi:ru] □□□□□

 **Activity 5**　発音練習：**わ行・ん**

🎧19

[wa]	わ			ワ	
[o]	を			ヲ	

Check Point

1　「を」と「お」の使い分け

①「お」：[o]　　あ<u>お</u>　　か<u>お</u>

②「を」：[o]　コーヒー<u>を</u>飲みます。

[n・m・ŋ]	ん		ン	

2　「ん」の発音

①ん[n] + さ・ざ・た・だ・な・ら行

②ん[m] + ま・ば・ぱ行

③ん[ŋ] + あ・か・が・は・や・わ行、語尾

3　「ん」を発音するときのポイント!　➡　「ん」は1拍(♩)の長さで!!

ほん：→ [hoŋ + ♩]

あんま：→ [am + ♩ + ma]

てんいん：→ [teŋ + ♩ + iŋ + ♩]

Let's Try

1 次の単語を読んでみましょう。 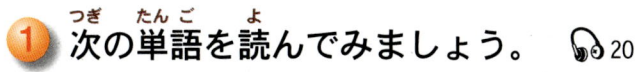 20

わたし	コーヒーを のむ	ほん	ほんを よむ

おんな	てんいん	でんわ

テント	ハンマー

2 例のように□の中に書いてみましょう。

例 [ko:hi:][o][nomu] コ ー ヒ ー を の む

[watashi] □ □ □

[hoŋ][o][yomu] □ □ □ □ □ □

[ten↓to] □ □ □

[teŋ↓iŋ↓] □ □ □ □

Exercise

① □の中に適当な字を入れて完成させてください。
<small>なか　てきとう　じ　い　かんせい</small>

① **6** □く

② は□

③ □と

④ そ□

⑤ ホ□ル

⑥ □し

⑦ ハ□

⑧ □モ

⑨ □ま

⑩ □スト□ン

② しりとりゲーム

①

タイヤ → や□ → □ゆ → ゆ□ → □□ン

②

さいふ → ふ□ → □こ → □ート → ト□□

3 クロスワード・パズル

①

	1A					E	
					2D		
	3		C				
		4B					
5							

よこのかぎ

1. 눈   2. 텐트   3. 레스토랑   4. 사람   5. 병아리

たてのかぎ    Hint! ○○うき

A. 유령   B. 비행기   C. 토마토   D. 점원   E. 책

Unit 3

FIGHTING

Activity ①

🎧21

[ga]	が		ガ	
[gi]	ぎ		ギ	
[gu]	ぐ		グ	
[ge]	げ		ゲ	
[go]	ご		ゴ	

Let's Try

つぎ　たんご　よ
● 次の単語を読んでみましょう。　🎧22

がくせい	**かぎ**	**ゴリラ**	**ゲーム**

はつおんれんしゅう
発音練習 : **ざ行**

🎧 23

[za]	ざ		ザ	
[ji]	じ		ジ	
[zu]	ず		ズ	
[ze]	ぜ		ゼ	
[zo]	ぞ		ゾ	

Let's Try

つぎ たんご よ
● 次の単語を読んでみましょう。 🎧 24

ちず	かぜ	ぞう	ゼロ

発音練習：だ行

🎧25

[da]	だ		ダ	
[ji]	ぢ		ヂ	
[zu]	づ		ヅ	
[de]	で		デ	
[do]	ど		ド	

Let's Try

🔵 次の単語を読んでみましょう。 🎧26

はなぢ

つづく

でんわ

デート

Activity 4

発音練習：ば行（はつおんれんしゅう）（ぎょう）

 27

[ba]	ば			バ	
[bi]	び			ビ	
[bu]	ぶ			ブ	
[be]	べ			ベ	
[bo]	ぼ			ボ	

Let's Try

● 次の単語を読んでみましょう。（つぎ たんご よ）  28

ぶた	ぼうし	ビール	テーブル

[pa]	ぱ		パ	
[pi]	ぴ		ピ	
[pu]	ぷ		プ	
[pe]	ぺ		ペ	
[po]	ぽ		ポ	

Let's Try

● 次の単語を読んでみましょう。　🎧 30

ぴかぴか

せんぷうき

ピアノ

プール

Activity 6

はつ おん れんしゅう
発音練習：ウィ・ウェ・ウォ・ティ・ファ・フィ・フェ・フォ

🎧31

[wi]	ウィ	[we]	ウェ
[wo]	ウォ	[ti]	ティ
[fa]	ファ	[fi]	フィ
[fe]	フェ	[fo]	フォ

Let's Try

つぎ たんご よ
● 次の単語を読んでみましょう。　🎧32

ウィンナ・コーヒー

ウェブサイト

ウォン

パーティー

ファミリーレストラン

フィルム

カフェ

フォーク

Unit 3　49

[kya]	きゃ(キャ)	[kyu]	きゅ(キュ)	[kyo]	きょ(キョ)
[gya]	ぎゃ(ギャ)	[gyu]	ぎゅ(ギュ)	[gyo]	ぎょ(ギョ)
[sya]	しゃ(シャ)	[syu]	しゅ(シュ)	[syo]	しょ(ショ)
[jya]	じゃ(ジャ)	[jyu]	じゅ(ジュ)	[jyo]	じょ(ジョ)
[tya]	ちゃ(チャ)	[tyu]	ちゅ(チュ)	[tyo]	ちょ(チョ)
[nya]	にゃ(ニャ)	[nyu]	にゅ(ニュ)	[nyo]	にょ(ニョ)
[hya]	ひゃ(ヒャ)	[hyu]	ひゅ(ヒュ)	[hyo]	ひょ(ヒョ)
[bya]	びゃ(ビャ)	[byu]	びゅ(ビュ)	[byo]	びょ(ビョ)
[pya]	ぴゃ(ピャ)	[pyu]	ぴゅ(ピュ)	[pyo]	ぴょ(ピョ)
[mya]	みゃ(ミャ)	[myu]	みゅ(ミュ)	[myo]	みょ(ミョ)
[rya]	りゃ(リャ)	[ryu]	りゅ(リュ)	[ryo]	りょ(リョ)

● 拗音を発音するときのポイント! ➡ 拗音は1拍の長さで!
　よ う お ん　　は つ お ん　　　　　　　　　　　　よ う お ん　い っ ぱ く　な が

きやく [ki / ya / ku]　　きゃく [kya / ku]

Let's Try

● 次の単語を読んでみましょう。　🎧34
　つぎ　たんご　よ

きゃく	じしょ	ジュース	さんみゃく
りょうり	ぎゅうにゅう	チョコレート	ニュース
ひゃく	びょういん	はっぴゃく	コンピューター

はつ おん れんしゅう
発音練習： そく おん **促音**

🎧35

[k・s・t・p] **つ** ｜ ｜ **ツ** ｜ ｜

Check Point

① 「っ」の四つの発音
よっ はつおん

① っ [k] + か行：ゆっくり → [yuk[∨]kuri]
ぎょう

② っ [s] + さ行：ざっし → [zas[∨]shi]

③ っ [t] + た行：きって → [kit[∨]te]

④ っ [p] + ぱ行：いっぱい → [ip[∨]pai]

② 「っ」を発音するときのポイント! ➡ 「っ」の次に1拍([∨])ほど息を止める感じで!
はつおん つぎ いっぱく いき と かん

Let's Try

つぎ たん ご よ
● 次の単語を読んでみましょう。 🎧36

ゆっくり	**ざっし**	**きって**	**いっぱい**

Activity 9

<ruby>発音練習<rt>はつおんれんしゅう</rt></ruby> ： <ruby>長音<rt>ちょうおん</rt></ruby> 🎧 37

① [a] + あ → [a:] : おか**あ**さん [oka:saŋ ♩]

② [i] + い → [i:] : おじ**い**さん [oji:saŋ ♩]

③ [u] + う → [u:] : す**う**じ [su:ji]

④ [e] + え → [e:] : おね**え**さん [one:saŋ ♩]

　 [e] + い → [e:] : がく**せい** [gakuse:]

⑤ [o] + お → [o:] : と**お**い [to:i]

　 [o] + う → [o:] : おと**う**さん [oto:saŋ ♩]

⑥ カタカナ → 「ー」 : クッキ**ー** [kuk˅ki:]

Check Point

● 「<ruby>長音<rt>ちょうおん</rt></ruby>を<ruby>発音<rt>はつおん</rt></ruby>するときのポイント！ ➡ <ruby>長音<rt>ちょうおん</rt></ruby>は1<ruby>泊<rt>いっぱく</rt></ruby>(♩)の<ruby>長<rt>なが</rt></ruby>さで！

Let's Try

● <ruby>次<rt>つぎ</rt></ruby>の<ruby>単語<rt>たんご</rt></ruby>を<ruby>読<rt>よ</rt></ruby>んでみましょう。 🎧 38

| とけい | おとうと | いもうと | テーブル |

1 クロスワード・パズル

			B				
		1			E		
	A						
2							
					3		
		C					
4				D			
		5					

よこのかぎ

1. 한 잔　　　　2. 요리　　　　3. 시계　　　　4. 선풍기　　　　5. 계속되다

たてのかぎ

A. 병원　　　　B. 천천히　　　　C. 코끼리　　　　D. 손님　　　　E. 여동생

2 よく聞いて、正しいものを選んでください。

1. ① てんにん　　　② てんいん　　　③ てにん

2. ① きゃく　　　② きやく　　　③ かく

3. ① がき　　　② かっき　　　③ かぎ

4. ① ユース　　　② ニュス　　　③ ニュース

5. ① ざっし　　　② じゃっし　　　③ ざし

6. ① がくせ　　　② がくせい　　　③ かくせい

7. ① ひゃく　　　② はく　　　③ ひやく

8. ① ビル　　　② ビルー　　　③ ビール

9. ① きって　　　② きて　　　③ ぎって

10. ① りょり　　　② りょうり　　　③ ようり

Unit 4

FIGHTING

Lesson Plan　🎧 40～46

A: はじめまして。はやしです。

B: きむらです。どうぞ よろしく おねがいします。

A: きむらさんは かいしゃいんですか。

B: いいえ、わたしは かいしゃいんではありません。
　 がくせいです。

✤ Vocabulary

わたし(私): _____　　かいしゃいん(会社員): _____　　がくせい(学生): _____

1 人称代名詞
_{にんしょうだいめいし}

1人称 _{にんしょう}	2人称	3人称	不定称 _{ふていしょう}
わたし・ぼく	あなた・きみ	かれ・かのじょ	だれ・どなた

2 〜は…です(か)

① わたしは かんこくじんです。

② やまださんは ぎんこういんですか。

3 〜では(=じゃ)ありません

① ぼくは だいがくせいではありません。

② わたしは にほんじんではありません。

4 はい / いいえ

① はい、そうです。

② いいえ、なかむらさんは いしゃではありません。

かんこくじん(韓国人):_____   ぎんこういん(銀行員):_____   だいがくせい(大学生):_____

にほんじん(日本人):_____   いしゃ(医者):_____

Activity ③ 友だちになりましょう。

🎧 43

A: すみません。おなまえは なんですか。

B: すずきです。

A: ぼくは はやしです。

すずきさんの おしごとは なんですか。

B: わたしは いしゃです。

● Vocabulary

なまえ(名前): _____   なん(何): _____   しごと(仕事): _____

1 何ですか

① おしごとは 何ですか。

② おなまえは 何ですか。

2 お / ご

① お + 和語

しごと → おしごと   なまえ → おなまえ

かんがえ → おかんがえ

② ご + 漢語

しゅみ → ごしゅみ   れんらく → ごれんらく

かぞく → ごかぞく

③ 例外

おでんわ   ごゆっくり

3 ～の

① にほんごの ほんです。

② やまださんの しゅみは 何ですか。

③ はい、ぼくのです。

かんがえ(考え):＿＿＿＿＿＿   しゅみ(趣味):＿＿＿＿＿＿   れんらく(連絡):＿＿＿＿＿＿

かぞく(家族):＿＿＿＿＿＿   でんわ(電話):＿＿＿＿＿＿   ゆっくり:＿＿＿＿＿＿

にほんご(日本語):＿＿＿＿＿＿   ほん(本):＿＿＿＿＿＿

Activity 4 誰のですか。

🎧44

A: これは 誰の でんしじしょですか。
B: それは 先生のです。

えんぴつ

じしょ

かばん

ノート

さいふ

とけい

✛ Vocabulary

でんしじしょ(電子辞書): _____   えんぴつ(鉛筆): _____

じしょ(辞書): _____   さいふ(財布): _____   とけい(時計): _____

① こ・そ・あ・ど

	これ	それ	あれ	どれ
物	これ	それ	あれ	どれ
場所	ここ	そこ	あそこ	どこ
方向	こちら(こっち)	そちら(そっち)	あちら(あっち)	どちら(どっち)
～+名詞	この	その	あの	どの
～+名詞	こんな	そんな	あんな	どんな

② 名詞 + だ

名詞 ＋

だ
ではない (=じゃない)
です(か)
ではありません(か) (=じゃありません(か))

① ここは こうえんだ。
② あれは ぼくの かばんじゃない。
③ これは 誰の つくえですか。
④ そんな ひとじゃありません。

こうえん(公園):＿＿＿＿＿＿　　つくえ(机):＿＿＿＿＿＿　　ひと(人):＿＿＿＿＿＿＿＿

Conversation

A: このざっし、キムさんのですか。

B: はい、わたしのです。ありがとうございます。

A: 何のざっしですか。

B: りょこうのざっしです。

A: あのかばんもキムさんのですか。

B: いいえ、それはわたしのじゃありません。

✦ Vocabulary

ざっし(雑誌): _____　　　りょこう(旅行): _____

1 例のように言ってみましょう。

> A: おしごとは 何ですか。
>
> B: <u>ぎんこういん</u>です。

① こうむいん

② べんごし

③ ひしょ

④ フリーター

⑤ かしゅ

⑥ カメラマン

2 例のように言ってみましょう。

> A: あの人は何人ですか。
>
> B: <u>にほんじん</u>です。

① ちゅうごく人

② タイ人

③ イギリス人

④ フィリピン人

⑤ アメリカ人

⑥ フランス人

✦ Vocabulary

こうむいん(公務員):_____   べんごし(弁護士):_____   ひしょ(秘書):_____

かしゅ(歌手):_____   ちゅうごくじん(中国人):_____

 **Listening**

● よく聞いて、例のように記号を書きましょう。

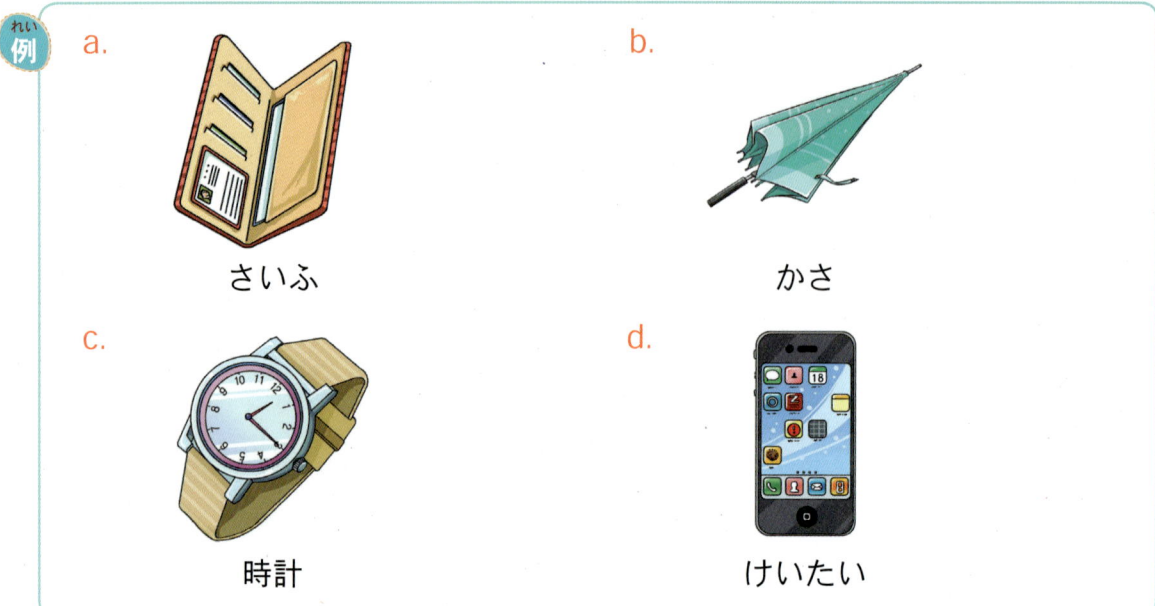

例
a.
さいふ

b.
かさ

c.
時計

d.
けいたい

1) a.

どくしょ

b.

うんどう

c.

りょこう

d.

りょうり

● **Vocabulary**

どくしょ(読書):＿＿＿＿＿　　うんどう(運動):＿＿＿＿＿＿　　りょうり(料理):＿＿＿＿＿

2) a.

モデル

b.

カメラマン

c.

医者

d.

べんごし

3) a.

じしょ

b.

ざっし

c.

ほん

d.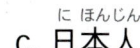

ノート

4) a. かんこく人   b. イギリス人   c. 日本人_{にほんじん}   d. 中国人_{ちゅうごくじん}

	例	1	2	3	4
	a				

じしょ(辞書):＿＿＿＿＿＿＿＿＿＿   かんこくじん(韓国人):＿＿＿＿＿＿＿＿

Unit 5

FIGHTING

Lesson Plan 🎧 47〜53

Activity ① あいさつ (2)

に適当なあいさつを入れて会話を完成してください。

① A: _____。 林です。

　　B: 木村です。　どうぞ よろしく おねがいします。

② A: おひさしぶりですね。 _____。

　　B: はい、おかげさまで。

③ A: いってきます。

　　B: _____。

④ A: あ、すみません。

　　B: いいえ、_____。

⑤ A: いつも _____。

　　B: いいえ、こちらこそ。

⑥ A: おたんじょうび、_____。

　　B: ありがとう。

⑦ A: ただいま。

　　B: _____。

⑧ A: みなさん、おつかれさまでした。

　　B: _____。

⑨ A: おやすみ。

　　B: _____。

⑩ A: じゃ、_____。

　　B: おつかれさま。　きを つけて。

✦ Vocabulary

たんじょうび(誕生日):_____　　みなさん:_____　　じゃ(=では):_____

 **Activity** **2** 数を読んでみましょう。

🎧48

ゼロ / れい

いち

に

さん

し / よん

ご

ろく

しち / なな

はち

く / きゅう

じゅう

Check Point

🟢 「4・7・9」の読み方

① 1〜10まで数えてみましょう。

♪ いち、に、さん、し、ご、ろく、しち、はち、く、じゅう ♪

② 4ばん、7かい、9だい

✤ Vocabulary

ばん(番):＿＿＿＿＿＿＿＿＿ かい(階):＿＿＿＿＿＿＿＿＿ だい(台):＿＿＿＿＿＿＿＿＿

Activity ③ 番号を聞いてみましょう。

 49

02-3614-9755

電話番号

090-4716-8023

けいたい(電話)

03-2768-9174

ファックス

127-089

ゆうびん番号

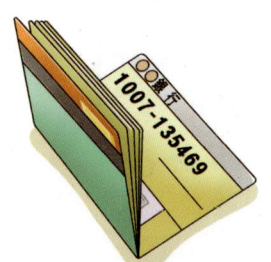

1007-135469

こうざ番号

1024

ルームナンバー

A: 電話番号は何番ですか。
B: 02ー3614ー9755です。

Check Point

● 「2・5」は「にー」「ごー」のように長く!!

 例　502ー479：ごー、ゼロ、にー、の、よん、なな、きゅう

けいたい(携帯):＿＿＿＿＿　　ファックス:＿＿＿＿＿＿　　ゆうびん(郵便):＿＿＿＿＿＿

こうざ(口座):＿＿＿＿＿　　ルームナンバー:＿＿＿＿＿＿

Activity 4　いま、何時_{なんじ}ですか。

4時
(よじ)

7時5分
(しちじ ごふん)

9時10分
(くじ じゅっぷん)

12時30分
(じゅうにじ さんじゅっぷん)

5時45分
(ごじ よんじゅうごふん)

11時50分
(じゅういちじ ごじゅっぷん)

A: いま、何時_{なんじ}ですか。
B: 4時_{よじ}です。
A: ゆうびんきょくは 何時までですか。
B: 5時までです。

✦ Vocabulary

いま(今):＿＿＿＿＿＿＿＿＿＿＿　　　ゆうびんきょく(郵便局):＿＿＿＿＿＿＿＿＿＿＿

1 何時ですか。

1時	2時	3時	4時	5時	6時
いちじ	にじ	さんじ	よじ	ごじ	ろくじ
7時	8時	9時	10時	11時	12時
しちじ	はちじ	くじ	じゅうじ	じゅういちじ	じゅうにじ

2 何分ですか。

1分	2分時	3分	4分	5分	6分
いっぷん	にふん	さんぷん	よんぷん	ごふん	ろっぷん
7分	8分	9分	10分	30分	～半
ななふん	はっぷん	きゅうふん	じゅっぷん	さんじゅっぷん	～はん

3 ～から～まで

① ぎんこうは ごぜん9時から ごご3時までです。

② かいしゃは 8時半からです。

③ ひるやすみは 何時までですか。

～ふん / ぷん(分):_____

ぎんこう(銀行):_____

ごぜん(午前):_____

ごご(午後):_____

かいしゃ(会社):_____

ひるやすみ(昼休み):_____

Activity 5 いくつですか。

ひとつ

ふたつ

みっつ

よっつ

いつつ

むっつ

ななつ

やっつ

ここのつ

とお

A: つくえは いくつですか。
B: ひとつです。

✤Vocabulary

いす(椅子): _____   けしゴム(消しゴム): _____   ケーキ: _____

ドーナツ: _____   ボール: _____   りんご: _____

みかん: _____   たまご(卵): _____

Conversation

A: すみません。

B: はい、いらっしゃいませ。

A: ケーキよっつとドーナツいつつ、おねがいします。

B: ケーキよっつとドーナツいつつですね。

A: はい。 あの、ここは何時まで<ruby>何時<rt>なんじ</rt></ruby>までですか。

B: ８<ruby>時<rt>じ</rt></ruby>までです。

⊕ Vocabulary

いらっしゃいませ:＿＿＿＿＿＿＿＿＿＿＿＿＿＿＿＿

① 例のように言ってみましょう。

> 例 (6 : 15)
> A: いま、何時ですか。
> B: ろく時 じゅうご分です。

① 4 : 35 ② 9 : 20

③ 2 : 45 ④ 11 : 30

② 例のように言ってみましょう。

> 例 (ゆうびん番号 : 451−0026)
> A: ゆうびん番号は何番ですか。
> B: よん ご− いち の ゼロ ゼロ に− ろくです。

① こうざ番号: 023−08−459031−2

② けいたい: 080−7963−8534

③ ルームナンバー: 1503

④ ファックス: 03−217−4866

3 例_{れい}のように言_いってみましょう。

例

(ドーナツ)
A: ドーナツはいくつですか。
B: みっつです。

①

りんご

②

たまご

③

いす

④

ボール

● よく聞いて、例のように記号を書きましょう。

| 例 | a. 9 : 20 | b. 4 : 30 | c. 5 : 50 | d. 2 : 10 |

1) a.

b.

c.

d.

2) a. 12 : 00 〜 1 : 30   b. 12 : 00 〜 1 : 00

    c. 11 : 00 〜 1 : 30   d. 12 : 30 〜 1 : 30

例	1	2	3	4
b.				

3) a.

b.

c.

d.

4) a.

b.

c.

d.

Unit 6

FIGHTING

Lesson Plan 🎧 54〜59

 **Activity 1** いくらですか。

ハンカチ

デジタルカメラ

ワイシャツ

靴
くつ

スーツ

ノートパソコン

A: すみません。このハンカチは いくらですか。
B: 670円です。
ろっぴゃくななじゅうえん
A: じゃ、これ、ください。

✦ Vocabulary

デジタルカメラ(=デジカメ):_____

1 いくらですか

① このめがねは いくらですか。

② ぜんぶで いくらですか。

2 数を読んでみましょう。

	十	百	千	万
1	じゅう	ひゃく	せん	いちまん
2	にじゅう	にひゃく	にせん	にまん
3	さんじゅう	さんびゃく	さんぜん	さんまん
4	よんじゅう	よんひゃく	よんせん	よんまん
5	ごじゅう	ごひゃく	ごせん	ごまん
6	ろくじゅう	ろっぴゃく	ろくせん	ろくまん
7	ななじゅう	ななひゃく	ななせん	ななまん
8	はちじゅう	はっぴゃく	はっせん	はちまん
9	きゅうじゅう	きゅうひゃく	きゅうせん	きゅうまん
?	なんじゅう	なんびゃく	なんぜん	なんまん

*10万: じゅうまん   100万: ひゃくまん

1000万: せんまん   1億: いちおく

3 〜(を)ください (=おねがいします)

① あのかばんを ください。

② コーヒー、おねがいします。

めがね:＿＿＿＿＿＿＿＿　全部で:＿＿＿＿＿＿＿＿　お願いします:＿＿＿＿＿＿＿＿

Activity 2

🎧 55

いちがつ

にがつ

さんがつ

しがつ

ごがつ

ろくがつ

しちがつ

はちがつ

くがつ

じゅうがつ

じゅういちがつ

じゅうにがつ

A: 小田さんの お誕生日は いつですか。
B: ぼくは 4月うまれです。 4月2日です。

🔶 Vocabulary

いつ:＿＿＿＿＿＿＿＿＿＿＿＿＿＿＿

〜月:＿＿＿＿＿＿＿＿＿＿＿＿＿＿＿

〜日:＿＿＿＿＿＿＿＿＿＿＿＿＿＿＿

〜生まれ:＿＿＿＿＿＿＿＿＿＿＿＿

1 ～は いつですか

① にゅうがくしきは いつですか。

② のみかいは いつですか。

2 何日・何曜日

月曜日	火曜日	水曜日	木曜日	金曜日	土曜日	日曜日
	1日 ついたち	2日 ふつか	3日 みっか	4日 よっか	5日 いつか	6日 むいか
7日 なのか	8日 ようか	9日 ここのか	10日 とおか	11日 じゅういちにち	12日 じゅうににち	13日 じゅうさんにち
14日 じゅうよっか	15日 じゅうごにち	16日 じゅうろくにち	17日 じゅうしちにち	18日 じゅうはちにち	19日 じゅうくにち	20日 はつか
21日 にじゅういちにち	22日 にじゅうににち	23日 にじゅうさんにち	24日 にじゅうよっか	25日 にじゅうごにち	26日 にじゅうろくにち	27日 にじゅうしちにち
28日 にじゅうはちにち	29日 にじゅうくにち	30日 さんじゅうにち	31日 さんじゅういちにち			

入学式:＿＿＿＿＿＿＿＿＿＿＿　　飲み会:＿＿＿＿＿＿＿＿＿＿＿　　～曜日:＿＿＿＿＿＿＿＿＿＿＿

🎧 56

A: 中間試験はいつからですか。
B: 来週からです。

アルバイト / 来月

セミナー / 今週の木曜日

上映 / 今月の末

✦ Vocabulary

中間試験:＿＿＿＿＿＿＿＿＿＿　　上映:＿＿＿＿＿＿＿＿＿＿　　末:＿＿＿＿＿＿＿＿＿＿

❶ 「月」の読み方

① 月 (つき)
② 月曜日 (げつようび)
③ 〜月 (がつ) : 1月、 4月、 7月
④ 〜月 (げつ/いっ/ろっ) : 1ヵ月、 6ヵ月

❷ 時間の表現

過去 (かこ) ←		現在 (げんざい)	→ 未来 (みらい)	
一昨日 (おととい)	昨日 (きのう)	今日 (きょう)	明日 (あした)	あさって
先々週 (せんせんしゅう)	先週 (せんしゅう)	今週 (こんしゅう)	来週 (らいしゅう)	再来週 (さらいしゅう)
先々月 (せんせんげつ)	先月 (せんげつ)	今月 (こんげつ)	来月 (らいげつ)	再来月 (さらいげつ)
一昨年 (おととし)	去年 (きょねん)	今年 (ことし)	来年 (らいねん)	再来年 (さらいねん)

Activity 4 数えてみましょう。

	～本(ほん)	～杯(はい)
1	いっぽん	いっぱい
2	にほん	にはい
3	さんぼん	さんばい
4	よんほん	よんはい
5	ごほん	ごはい
6	ろっぽん	ろっぱい
7	ななほん	ななはい
8	はっぽん	はっぱい
9	きゅうほん	きゅうはい
10	じゅっぽん	じゅっぱい
?	なんぼん	なんばい

Check Point

① たこの足は＿＿＿＿＿＿＿です。

② ビール＿＿＿＿＿＿、いかがですか。

③ ボールペンは＿＿＿＿＿＿です。

④ さくらは＿＿＿＿＿＿ですか。

⊕ Vocabulary

たこ:＿＿＿＿＿＿＿＿＿　　足:＿＿＿＿＿＿＿＿＿

いかがですか (=どうですか):＿＿＿＿＿＿＿＿＿　　桜:＿＿＿＿＿＿＿＿＿

A: すみません。このかさ、いくらですか。

B: 7,400円です。

A: あの、セールはいつまでですか。

B: 明日までです。

あした

A: そうですか。じゃ、これ、2本ください。

B: はい、ありがとうございます。

⊕ Vocabulary

セール:_____

 **Exercise**

1 例のように 言ってみましょう。

 例

(ぼうし)
A: すみません、このぼうしは いくらですか。
B: さんぜんごひゃく円です。

①

けいたい

②

でんしじしょ

③

まんねんひつ

④

パン

2 例のように 言ってみましょう。

 例

A: 試験は いつですか。
B: 来週の水曜日です。

① 誕生日 / 9月12日
② そつぎょうしき / 3月20日
③ 今年のきゅうしょうがつ / 2月
④ パーティー / 今週の土曜日

✤ Vocabulary

万年筆（まんねんひつ）:＿＿＿＿＿＿＿＿＿＿

卒業式（そつぎょうしき）:＿＿＿＿＿＿＿＿＿＿

旧正月（きゅうしょうがつ）:＿＿＿＿＿＿＿＿＿＿

パーティー:＿＿＿＿＿＿＿＿＿＿

③ 例のように言ってみましょう。

例
A: 桜は何本ですか。
B: 2本です。

①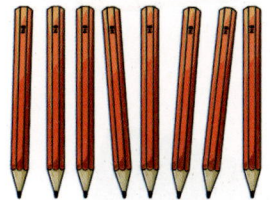

えんぴつ

②

ワイン

③

いかの足

④

色えんぴつ

Omake

☆ **早口ことばコーナー** ☆

次のことばを早く言ってみましょう。

・なまむぎ(生麦)　なまごめ(生米)　なまたまご(生卵)

えんぴつ:＿＿＿＿＿＿＿　ワイン:＿＿＿＿＿＿＿　いか:＿＿＿＿＿＿＿

色えんぴつ:＿＿＿＿＿＿＿

● よく聞いて、例のように記号を書きましょう。

例 a. ¥63,500

b. ¥33,900

c. ¥63,500

d. ¥13,500

1)　a. 1月4日　　　　b. 11月8日　　　　c. 1月8日　　　　d. 11月4日

2)　a. 今週の木曜日　　b. 今週の水曜日
　　c. 来週の金曜日　　d. 今週の金曜日

● **Vocabulary**

期末試験:＿＿＿＿＿＿＿＿＿＿＿

3) a.
b.

c.
d.

4) a.

¥78,920

b.

¥18,020

c.

¥78,920

d.

¥18,920

例	1	2	3	4
a				

Unit 7

FIGHTING

Activity **1** どうですか。

大_{おお}きい　　小_{ちい}さい

高_{たか}い　　低_{ひく}い

高_{たか}い　　安_{やす}い

長_{なが}い　　短_{みじか}い

遠_{とお}い　　近_{ちか}い

1 い形容詞の活用 (1)
けいよう し　かつよう

基本形	～です	基本形	～です
大(おお)きい	おおきいです	小(ちい)さい	
高(たか)い		低(ひく)い	
高(たか)い		安(やす)い	
長(なが)い		短(みじか)い	
遠(とお)い		近(ちか)い	

2 体の各部分の名前 (1)
からだ　かく ぶ ぶん　な まえ

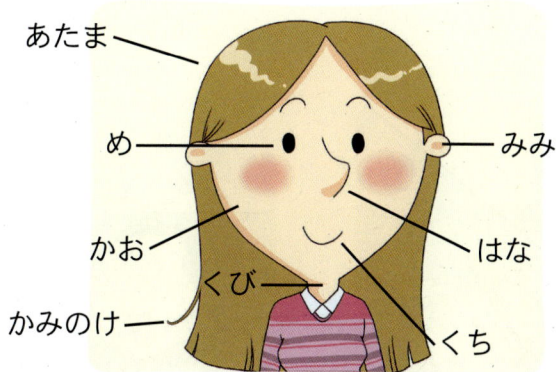

あたま

め　　みみ

かお　　はな

くび

かみのけ　　くち

Let's Try

● 例のように言ってみましょう。
れい

| 例 | (目 / 大きい) ➡ 目は大きいです。 |

① 鼻 / 低い ➡ ＿＿＿＿＿＿＿＿＿＿＿＿
② かみ / 長い ➡ ＿＿＿＿＿＿＿＿＿＿＿＿
③ えき / 遠い ➡ ＿＿＿＿＿＿＿＿＿＿＿＿

✤ Vocabulary

頭:＿＿＿＿＿　髪(の毛):＿＿＿＿＿　顔:＿＿＿＿＿　目:＿＿＿＿＿　鼻:＿＿＿＿＿

耳:＿＿＿＿＿　口:＿＿＿＿＿　首:＿＿＿＿＿　駅:＿＿＿＿＿

Activity ②

<ruby>状態<rt>じょうたい</rt></ruby>を<ruby>言<rt>い</rt></ruby>ってみましょう。

 61

<ruby>新<rt>あたら</rt></ruby>しい　　　　<ruby>古<rt>ふる</rt></ruby>い

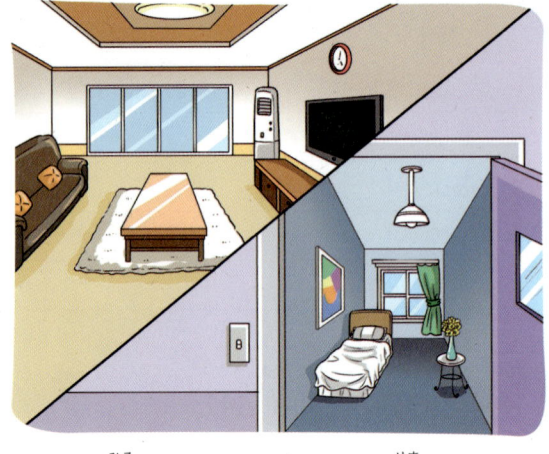

<ruby>広<rt>ひろ</rt></ruby>い　　　　<ruby>狭<rt>せま</rt></ruby>い

おもしろい　　　　つまらない

いい　　　　<ruby>悪<rt>わる</rt></ruby>い

A: この<ruby>車<rt>くるま</rt></ruby>は<ruby>新<rt>あたら</rt></ruby>しいですか。

B: いいえ、<ruby>新<rt>あたら</rt></ruby>しくありません。

⊕ Vocabulary

<ruby>車<rt>くるま</rt></ruby>:＿＿＿＿＿　　　<ruby>部屋<rt>へや</rt></ruby>:＿＿＿＿＿　　　ゲーム:＿＿＿＿＿　　　<ruby>天気<rt>てんき</rt></ruby>:＿＿＿＿＿

● 「い形容詞」の否定形

基本形	～ない	～です	～ありません ～ないです
新(あたら)しい	あたらしくない	あたらしいです	あたらしくありません あたらしくないです
古(ふる)い			
広(ひろ)い			
狭(せま)い			
おもしろい			
つまらない			
*いい	よくない	いいです	よくありません よくないです
悪(わる)い			
太(ふと)い			
細(ほそ)い			
重(おも)い			
軽(かる)い			

Let's Try

● 例のように言ってみましょう。

> (部屋 / 広い)
>
> A: 部屋は広いですか。
>
> B: いいえ、広くありません。狭いです。

① 富士山 / 低い   ② 駅 / 遠い   ③ ゲーム / おもしろい   ④ 今日の天気 / いい

Activity ③ 買(か)い物(もの)をしてみましょう。

 62

A: あの赤(あか)いぼうしはいくらですか。
B: 13,800円(えん)です。
A: ちょっと高(たか)いですね。

☆ Vocabulary

赤(あか)い:＿＿＿＿＿＿＿　　ぼうし:＿＿＿＿＿＿＿　　ちょっと:＿＿＿＿＿＿＿　　〜ね:＿＿＿＿＿＿＿

 い形容詞 + 名詞
けいようし　めいし

基本形
きほんけい
〜くない　➕　名詞
めいし

① ここは広い公園ですね。
ひろ　こうえん
③ 山口さんはとてもいい人です。
やまぐち　ひと

② あの高いビルは何ですか。
たか
④ おもしろくない映画ですね。
えいが

② 色を表す「い形容詞」
いろ　あらわ　けいようし

白 しろ	白い
黒 くろ	黒い
赤 あか	赤い
青 あお	青い
黄色 きいろ	黄色い
茶色 ちゃいろ	茶色い

③ ちょっと・とても

① ここはちょっと寒いですね。
さむ
② とてもおもしろい先生です。
せんせい

公園: _____
こうえん
ビル: _____
寒い: _____
さむ

売り場は何階ですか。

🎧 63

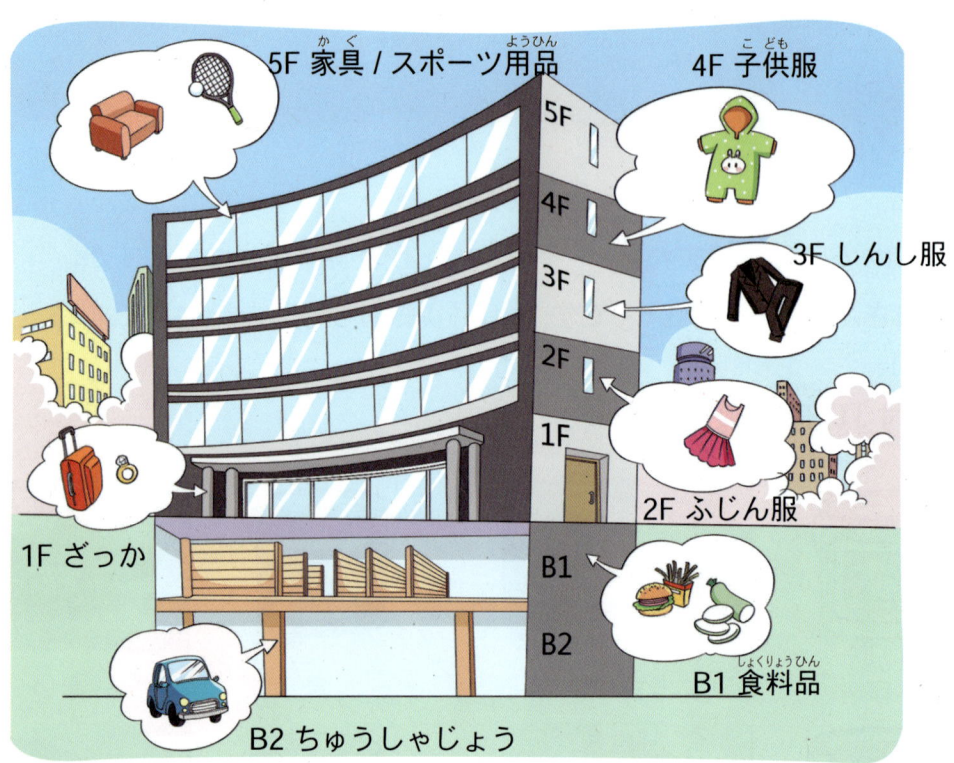

5F 家具 / スポーツ用品　　4F 子供服

3F しんし服

2F ふじん服

1F ざっか

B1 食料品

B2 ちゅうしゃじょう

A: すみません。ふじん服売り場は何階ですか。

B: 2階です。

Check Point

B1: 地下いっかい　　1F: いっかい　　2F: にかい

3F: さんがい　　4F: よんかい　　5F: ごかい　　?F: 何階

⊕ Vocabulary

紳士服:＿＿＿＿＿＿＿＿　　婦人服:＿＿＿＿＿＿＿＿　　雑貨:＿＿＿＿＿＿＿＿

駐車場:＿＿＿＿＿＿＿＿　　売り場:＿＿＿＿＿＿＿＿　　～階:＿＿＿＿＿＿＿＿

Conversation

<案内デスクで>

A: すみません。
　　かばん売り場は何階ですか。

B: 1階です。

<売り場で>

A: すみません。あの黄色いかばんはいくらですか。

B: 14,000円です。

A: ちょっと高いですね。じゃ、その黒いかばんはいくらですか。

B: 8,500円です。

A: 重いですか。

B: いいえ、重くありません。とても軽いですよ。

Exercise

1 反対語を線でつないでください。

例	おおきい・		・たかい
	とおい・		・いい
	つまらない・		・ちかい
	ひくい・		・ちいさい
	ながい・		・おもしろい
	せまい・		・ひろい
	わるい・		・みじかい

② 表を完成させましょう。

基本形	〜ない	〜です	〜ありません 〜ないです
大(おお)きい			
安(やす)い			
遠(とお)い			
短(みじか)い			
新(あたら)しい			
広(ひろ)い			
おもしろい			
いい			

Omake

☆ **早口ことばコーナー** ☆

次のことばを早く言ってみましょう。

・となりの きゃく(客)は よく かき(柿) く(食)う きゃく(客)だ

Listening

よく聞いて、例のように記号を書きましょう。

例

a.

b.

c.

d.

1) a.

b.

c.

d.

Vocabulary

むずかしい: ____________　　おいしい: ____________

65

2)

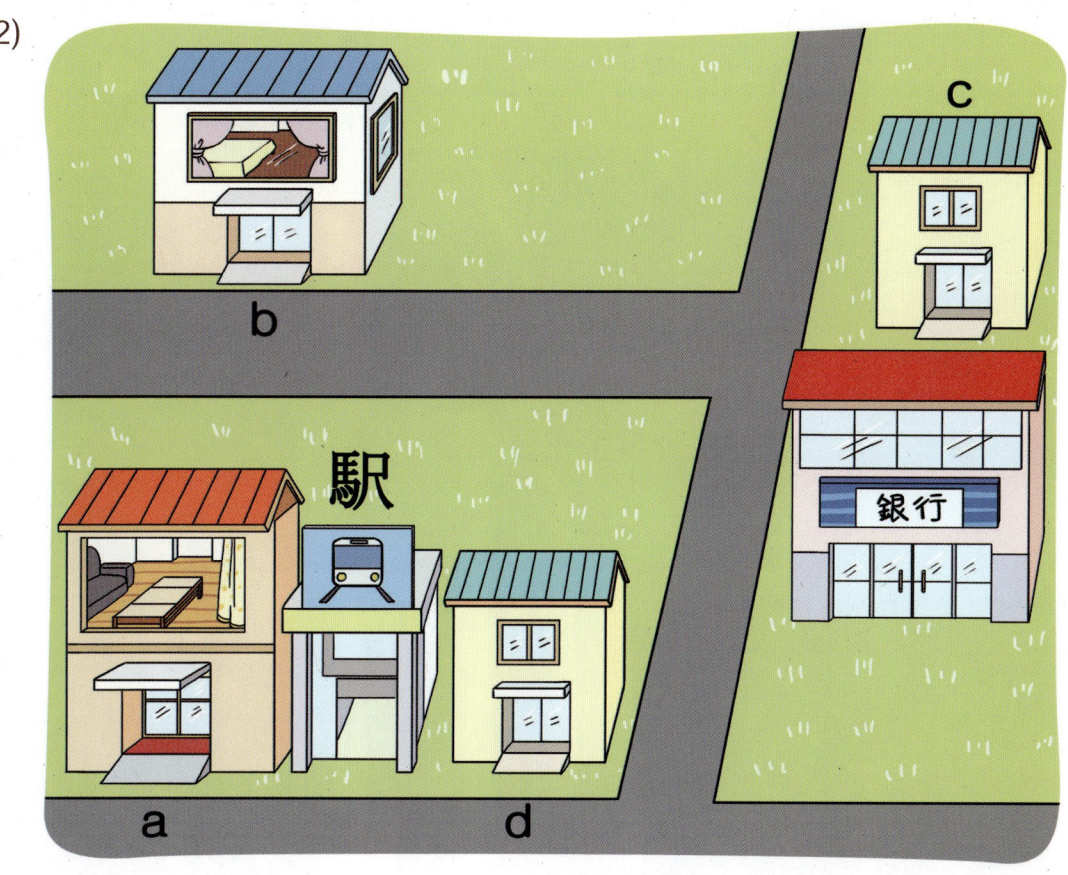

3) a. 日本語はむずかしい。　　　　　　b. 中国語はあまりおいしくない。

   c. 日本語も中国語もおもしろくない。　　d. 日本語はおもしろい。

4) a. むずかしいゲームです。　　　　　　b. ふるいゲームです。
   c. 新しいゲームです。　　　　　　　　d. おもしろくないゲームです。

例	1	2	3	4
b				

Unit
8

Lesson Plan 🎧 66〜71

Activity 1 どうですか。

🎧66

静(しず)かだ　　　にぎやかだ

有名(ゆうめい)だ

親切(しんせつ)だ　　　不親切(ふしんせつ)だ

10-2=?

かんたんだ

元気(げんき)だ

丈夫(じょうぶ)だ

きれいだ

ハンサムだ

➕ Vocabulary

賑(にぎ)やかだ:＿＿＿＿＿＿＿＿＿＿　　簡単(かんたん)だ:＿＿＿＿＿＿＿＿＿＿

1 な形容詞の活用 (1)

基本形	〜です	基本形	〜です
静(しず)かだ	しずかです	にぎやかだ	
親切(しんせつ)だ		不親切(ふしんせつ)だ	
有名(ゆうめい)だ		簡単(かんたん)だ	
元気(げんき)だ		丈夫(じょうぶ)だ	
きれいだ		ハンサムだ	

2 体の各部分の名前 (2)

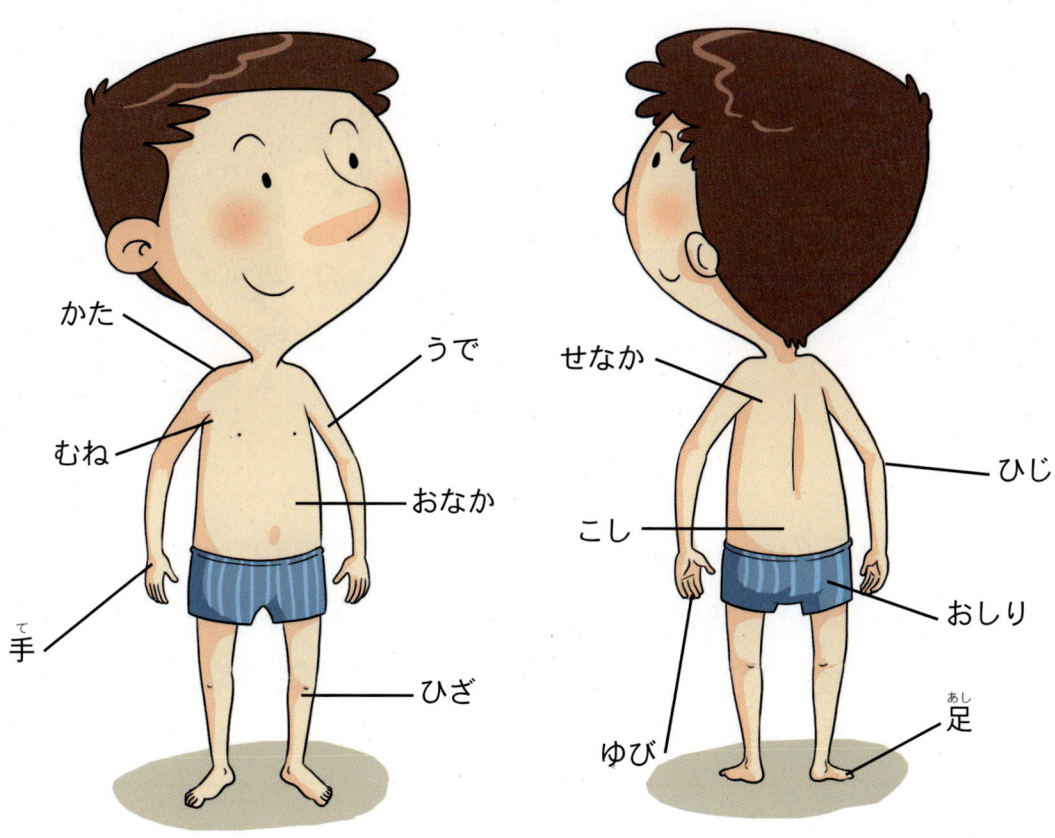

かた
うで
むね
おなか
手
ひざ

せなか
ひじ
こし
おしり
ゆび
足

肩: _____

胸: _____

お腹: _____

背中: _____

腰: _____

腕: _____

指: _____

Activity 2 生活環境について言ってみましょう。

 67

A: このへんは交通がとても便利ですね。

B: はい。池田さんのところはどうですか。

A: 静かです。 でも、交通はあまり便利では

ありません。

⚡ Vocabulary

この辺: _____　　ところ: _____　　でも: _____

あまり〜ない: _____

① 「な形容詞」の否定形

基本形	〜ない	〜です	〜ありません
便利(べんり)だ	べんりではない べんりじゃない	べんりです	べんりではありません べんりじゃありません
不便(ふべん)だ			
大丈夫(だいじょうぶ)だ			
ひまだ			
同(おな)じだ			

② 〜が

① この店はパスタが有名です。

② 林さんは目がきれいですね。

③ どうですか

① 日本語のべんきょうはどうですか。

② ソウルの天気はどうですか。

④ あまり〜ない

① この辺はあまり静かじゃありません。

② このコンピューターはあまりよくありません。

暇だ:＿＿＿＿＿＿＿＿＿＿　　店:＿＿＿＿＿＿＿＿＿＿　　パスタ:＿＿＿＿＿＿＿＿＿＿

勉強:＿＿＿＿＿＿＿＿＿＿　　ソウル:＿＿＿＿＿＿＿＿＿＿　　コンピューター:＿＿＿＿＿＿＿＿＿＿

Activity 3 どんな人ですか。

🎧 68

A: 村上さんはどんな方ですか。

B: まじめな方です。それに、とても親切ですよ。

まじめだ

がんこだ

✦ Vocabulary

方:＿＿＿＿＿＿　真面目だ:＿＿＿＿＿＿　それに:＿＿＿＿＿＿　頑固だ:＿＿＿＿＿＿

1 な形容詞 + 名詞

基本形	肯定			否定		
静(しず)かだ	しずか	な	+ 名詞	しずか	ではない (=じゃない)	+ 名詞
きれいだ	きれい			きれい		
元気(げんき)だ	げんき			げんき		
*同(おな)じだ	おなじ			おなじ		

① 静かな公園ですね。

② 同じ色ですか。

③ あまりきれいじゃないところです。

2 性格を表す言葉

・まじめだ	・頑固だ	・こまかい
・かっぱつだ	・無口だ	・口数が多い
・やさしい	・明るい	・暗い

① 彼はとても明るい人です。

② 頑固なおじさんですね。

細い:＿＿＿＿＿＿＿ 活発だ:＿＿＿＿＿＿＿ 優しい:＿＿＿＿＿＿＿

◎ 外見と性格にかんするアンケート
（がいけん　せいかく）

1. あなたの外見にあてはまるものを全部選んでください。
（がいけん）　　　　　　　　　　　　　（ぜんぶえら）

① 背が高い　　　　　　　② 背が低い
（せ たか）　　　　　　　（ひく）
③ 目が大きい　　　　　　④ 目が小さい
（め おお）　　　　　　　（ちい）
⑤ きれいだ　　　　　　　⑥ ハンサムだ
⑦ かみが長い　　　　　　⑧ かみが短い
（なが）　　　　　　　　　（みじか）

2. あなたの性格にあてはまるものを全部選んでください。
（せいかく）　　　　　　　　　　　　　（ぜんぶえら）

① まじめだ　　　　　　　② やさしい
③ 無口だ　　　　　　　　④ 口数が多い
（むくち）　　　　　　　　（くちかず おお）
⑤ 頑固だ　　　　　　　　⑥ 明るい
（がんこ）　　　　　　　　（あか）
⑦ せっきょくてきだ　　　⑧ しょうきょくてきだ

Check Point

① でも：目は大きいです。でも、鼻は低いです。
（はな　ひく）

② それに：まじめです。それに、とてもやさしいです。

③ そして：彼女はとてもきれいです。そして、明るいです
（かのじょ）　　　　　　　　　　　　　　（あか）

⊕ **Vocabulary**

背：＿＿＿＿＿＿＿＿　　髪：＿＿＿＿＿＿＿＿　　積極的だ：＿＿＿＿＿＿＿＿　　消極的だ：＿＿＿＿＿＿＿＿
（せ）　　　　　　　　　（かみ）　　　　　　　　（せっきょくてき）　　　　　　（しょうきょくてき）

A: 東京の生活_{せいかつ}はどうですか。

B: とても楽_{たの}しいです。

A: コンビニのアルバイトは大変_{たいへん}じゃありませんか。

B: はい、あまり大変じゃありません。

A: コンビニの店長_{てんちょう}はどんな人ですか。

B: とてもやさしいです。でも、ちょっとこまかいです。

A: そうですか。

✿ Vocabulary

楽_{たの}しい:＿＿＿＿＿＿＿＿＿　コンビニ:＿＿＿＿＿＿＿＿＿　アルバイト:＿＿＿＿＿＿＿＿

大変_{たいへん}だ:＿＿＿＿＿＿＿＿＿　店長_{てんちょう}:＿＿＿＿＿＿＿＿＿

① あなたの性格や外見について書いてみましょう。

（ノート）

② 表を完成させましょう。

基本形	～ない	～です	～ではありません ～じゃありません	～ + 名詞
静(しず)かだ				公園(こうえん)
にぎやかだ				ところ
元気(げんき)だ				男(おとこ)の子(こ)
きれいだ				人(ひと)
親切(しんせつ)だ				方(かた)
便利(べんり)だ				ところ
まじめだ				人
同(おな)じだ				色(いろ)

よく聞いて、例のように記号を書きましょう。

れい
例

a. 　b. 　c.

1) a. 　b. 　c.

2) a. 　b. 　c.

3) a. 友達は消極的な人だ。　　b. 友達は男の人だ。
　　　c. 友達は積極的な人だ。　　d. 友達はまじめな人だ。

例	1	2	3
c			

Vocabulary

漢字の勉強:＿＿＿＿＿＿＿＿　　友達:＿＿＿＿＿＿＿＿＿＿＿＿＿

Unit
9

Activity 1　どこにありますか。

🎧 72

辞書 / テーブル / 上

ゴミばこ / 机 / 下

さいふ / かばん / 中

電話 / テレビ / 横

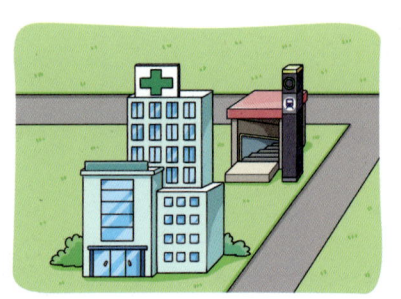

病院 / 駅 / 前

公園 / 学校 / 後ろ

A: 辞書はどこにありますか。
B: テーブルの上にあります。

✢ Vocabulary

上:＿＿＿＿＿＿＿＿　　下:＿＿＿＿＿＿＿＿　　中:＿＿＿＿＿＿＿＿

横:＿＿＿＿＿＿＿＿　　前:＿＿＿＿＿＿＿＿　　後ろ:＿＿＿＿＿＿＿＿

1 丁寧な言い方：現在

肯定	あります	ありますか
否定	ありません	ありませんか

2 〜は …に あります / ありません → …に 〜が あります

① ゴミばこは机の下にあります。
② 公園は学校の後ろにあります。
③ 学校の前に郵便局があります。
④ 駅の中にコンビニがありますか。

3 位置

左　　　右

間

となり

① フォークは左、ナイフは右です。
② 花屋は銀行と本屋の間にあります。
③ 会社は病院のとなりにあります。

Activity 2 どこですか。

🎧73

A: あの、すみません。 お手洗いはどこですか。
B: お手洗いは、あのエレベーターのすぐ横です。

会議室

社員食堂

休憩室

🔵 Vocabulary

あの:＿＿＿＿＿＿＿＿＿＿＿＿＿　お手洗い:＿＿＿＿＿＿＿＿＿＿＿＿　エレベーター:＿＿＿＿＿＿＿＿＿＿

すぐ:＿＿＿＿＿＿＿＿＿＿＿＿＿＿　会議室:＿＿＿＿＿＿＿＿＿＿＿＿＿　社員食堂:＿＿＿＿＿＿＿＿＿＿＿

休憩室:＿＿＿＿＿＿＿＿＿＿＿＿＿

1 どこですか (=どこにありますか)

① A: すみません。トイレはどこですか。
　 B: お手洗_{てあら}いは2階_{かい}にあります。

② A: 銀行_{ぎんこう}はどこですか。
　 B: 駅_{えき}のすぐとなりです。

2 いろいろな物_{もの}の名前_{なまえ}

化粧品_{けしょうひん}

アクセサリー

手袋_{てぶくろ}

靴下_{くつした}

下着_{したぎ}

水着_{みずぎ}

冷蔵庫_{れいぞうこ}

洗濯機_{せんたくき}

扇風機_{せんぷうき}

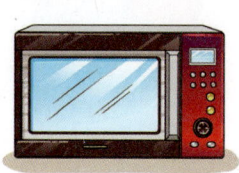

電子レンジ_{でんし}

Activity ③ いくつありますか。

 74

A: このかばんの中には何がありますか。
B: 本が1冊と雑誌が1冊、それからハンカチが2枚あります。

いっさつ

にさつ

いちまい

にまい

✤ Vocabulary

ハンカチ:＿＿＿＿＿　小説:＿＿＿＿＿＿　ワイシャツ:＿＿＿＿＿　スカート:＿＿＿＿＿

1 〜冊 : 本・ノート・雑誌など

1	いっさつ	6	ろくさつ
2	にさつ	7	ななさつ
3	さんさつ	8	はっさつ
4	よんさつ	9	きゅうさつ
5	ごさつ	10	じゅっさつ
?	なんさつ		

2 〜枚 : 紙・ハンカチ・シャツなど

1	いちまい	6	ろくまい
2	にまい	7	ななまい
3	さんまい	8	はちまい
4	よんまい	9	きゅうまい
5	ごまい	10	じゅうまい
?	なんまい		

3 A と B

① テーブルの上にコーヒーとケーキがあります。
② 部屋にはベッドと机があります。

Let's Try

● 例のように言ってみましょう。

> 例　シャツ(3) ➡ シャツが3枚あります。

① ノート(1) ➡ _____

② タオル(4) ➡ _____

③ 雑誌 (10) ➡ _____

A: あの、白い紙はどこですか。

B: その引き出しの中です。

A: 引き出しの中ですか……。
雑誌は2冊ありますが、紙はありませんよ。

B: じゃあ、その本棚にありませんか。

A: あ、ありました。ありがとうございます。

🌐 Vocabulary

引き出し:＿＿＿＿＿＿＿＿＿　　本棚:＿＿＿＿＿＿＿＿＿

Exercise

1 あなたの部屋を描いてください。どこに何がありますか。

（空白）

2 上の絵を見て、話してみましょう。

A: 机はどこにありますか。

B: _____。

A: 本棚はどこにありますか。

B: _____。

A: ゴミばこはどこにありますか。

B: _____。

✦ Vocabulary

窓: _____ ベッド: _____ 机: _____

いす: _____ たんす: _____ 化粧台: _____

かがみ: _____ コンピューター: _____ ハンガー: _____

ぬいぐるみ: _____

③ 例のように言ってみましょう。

例  (ゴミばこ)

A: ゴミばこはどこにありますか。

B: <u>机の下</u>にあります。

①

ゆうびんきょく
郵便局

②

けしょうひん
化粧品

③

はいざら
灰皿

④

や
パン屋

✤ **Vocabulary**

はいざら
灰皿:＿＿＿＿＿＿＿＿＿＿＿

や
パン屋:＿＿＿＿＿＿＿＿＿＿＿

4 例のように言ってみましょう。

> **例** (スポーツ用品売り場 / 5階)
>
> A: すみません、スポーツ用品売り場はどこですか。
>
> B: 5階です。

① 子供服売り場 / 4階　　② 家電製品売り場 / 6階

③ トイレ / エスカレーターの横　　④ 案内デスク / 階段の近く

 5 例のように言ってみましょう。

> **例**  (タオル)
>
> A: かばんの中には何がありますか。
>
> B: タオルが5枚あります。

① 　　② ③

① 辞書　　② 色紙　　③ まんが

エスカレーター: _____　案内デスク: _____　階段: _____

近く: _____　色紙: _____　まんが: _____

Listening

よく聞いて、例のように記号を書きましょう。

例

a.

b.

c.

d.

1) a.

b.

c.

d.

2) a. 　　　b.

c. 　　　d.

3) a. 　　　b.

c. 　　　d.

例	1	2	3
c			

Unit 10

Lesson Plan 🎧 77〜81

- 家族について話す

- 人や動物の位置を言う

- 人や動物を数える
（〜人 / 〜匹）

A: 安部さんは何人家族ですか。
B: 5人家族です。祖母と父と母、それから妹と僕です。
A: ご両親がとても若いですね。

✤ Vocabulary

何人:＿＿＿＿＿＿＿　家族:＿＿＿＿＿＿＿　とても:＿＿＿＿＿＿＿　若い:＿＿＿＿＿＿＿

① 家族の呼び方

関係	自分の家族	他人の家族
祖父	祖父(そふ)	おじいさん
祖母	祖母(そぼ)	おばあさん
父	父(ちち)	お父(とう)さん
母	母(はは)	お母(かあ)さん
両親	両親(りょうしん)	ご両親(りょうしん)
兄	兄(あに)	お兄(にい)さん
姉	姉(あね)	お姉(ねえ)さん
弟	弟(おとうと)	弟(おとうと)さん
妹	妹(いもうと)	妹(いもうと)さん
兄弟	兄弟(きょうだい)	ご兄弟(きょうだい)

② ～人

1	ひとり	6	ろくにん
2	ふたり	7	しちにん
3	さんにん	8	はちにん
4	よにん	9	きゅうにん
5	ごにん	10	じゅうにん
？	なんにん		

① A: 何人兄弟ですか。
　 B: 3人です。姉と弟がいます。

Activity ② どこにいますか。

🎧78

祖母(そぼ)

父(ちち)

母(はは)

弟(おとうと)

妹(いもうと)

A: お母(かあ)さんはどこにいますか。
B: 母(はは)は今(いま)、台所(だいどころ)にいます。

⊕ Vocabulary

台所(だいどころ):＿＿＿＿＿＿＿＿＿　お風呂(ふろ):＿＿＿＿＿＿＿＿＿　部屋(へや):＿＿＿＿＿＿＿＿＿

庭(にわ):＿＿＿＿＿＿＿＿＿　居間(いま):＿＿＿＿＿＿＿＿＿

1 丁寧な言い方：現在

肯定	います	いますか
否定	いません	いませんか

2 〜は …に います / いません → …に 〜が います

① 先生は教室にいます。

② 弟は今、どこにいますか。

③ 庭にかわいい犬がいますね。

④ あちらには何がいますか。

Let's Try

● 例のように漢字で書いてみましょう。

> 例 ちち ➡ 父

① おとうと ➡ _____

② りょうしん ➡ _____

③ へや ➡ _____

④ あね ➡ _____

⑤ おふろ ➡ _____

Activity 3 数えてみましょう。

いっぴき

さんびき

ろっぴき

ななひき

はっぴき

じゅっぴき

A: 魚は何匹ですか。

B: 6匹です。

✤ Vocabulary

犬:＿＿＿＿＿＿＿＿＿　ねこ:＿＿＿＿＿＿＿＿　魚:＿＿＿＿＿＿＿＿

カエル:＿＿＿＿＿＿＿　ホタル:＿＿＿＿＿＿＿＿　チョウ(=チョウチョ):＿＿＿＿＿＿

Check Point

1 ～匹（ひき）

一匹	いっぴき	六匹	ろっぴき
二匹	にひき	七匹	ななひき
三匹	さんびき	八匹	はっぴき
四匹	よんひき	九匹	きゅうひき
五匹	ごひき	十匹	じゅっぴき
何匹	なんびき		

2 動物（どうぶつ）の名前（なまえ）

A: 林さんは何人家族ですか。

B: 5人家族です。祖父と父と母、それから兄と私です。

A: お兄さんは大学生ですか。

B: いいえ。今、軍隊にいます。

A: そうですか。

B: あ、それから犬も1匹います。

🍊 Vocabulary

軍隊:＿＿＿＿＿＿＿＿＿　それから:＿＿＿＿＿＿＿＿＿

 **Exercise** ● ● ● ● ● ● ● ● ●

1 例のように選んでください。

>  かばんの中に化粧品と財布が（ <u>あります</u> / います ）。

① 息子は今、二階に（ あります / います ）。

② パン屋の前にはいつもかわいい犬が（ あります / います ）。

③ ここには、大きい病院は（ ありません / いません ）。

2 例のように言ってみましょう。

>  かえるは よんひきです。

①  _____

②  _____

③  _____

④  _____

⑤ _____

3 例のように言ってみましょう。

> 例 (3人 / 父 / 母)
> A: 何人家族ですか。
> B: 3人家族です。父と母と私です。

① 4人 / 父 / 妻 / 息子   ② 6人 / 祖母 / 父 / 母 / 姉 / 弟   ③ 3人 / 夫 / 娘

4 例のように言ってみましょう。

> 例 (お父さん / 庭)
> A: お父さんはどこにいますか。
> B: 父は今、庭にいます。

① お母さん / 台所   ② お兄さん / お風呂
③ 弟さん / 居間   ④ 妹さん / 部屋

5 あなたの家族を紹介してください。

何人家族ですか。誰がいますか。

_____

_____

_____

_____

_____

Vocabulary

妻:_____   息子:_____   夫:_____   娘:_____

Listening

よく聞いて、例のように記号を書きましょう。

a.

b.

c.

d.

e.

例	1	2	3	4
a				

付録

解答＆リスニングスクリプト

付録

Unit 1 P26-27

＜正答＞

1. ① うえ ② かお ③ すし ④ ねこ ⑤ ネクタイ
⑥ ケーキ ⑦ トイレ ⑧ コーヒー
⑨ ツアー ⑩ ちかてつ

2. ① あい → いけ → ケーキ → きく → クイズ
② すし → シーソー → そこ → こい → いえ
③ いち → ちかてつ → ツアー → あか → かに

3. ①

₁あ	ₐお		
	₂あ	い	₆す
	し		な
	₃す	し	

②

	ₐち		
₁し	か		
	て		ᴄう
	₂つ	ᴮく	え
		い	
		ず	

Unit 2 P40-41

＜正答＞

1. ① ろく ② はな ③ ひと ④ そら ⑤ ホテル
⑥ むし ⑦ ハム ⑧ メモ ⑨ やま ⑩ レストラン

2. ① タイヤ → やま → まゆ → ゆき → キリン
② さいふ → ふね → ねこ → コート → トイレ

3.

₁ₐゆ	き			ₑほ	
う			₂ᴅて	ん	と
₃れ	す	ᴄと	ら	ん	
い		ま		い	
	₄ᴮひ	と		ん	
₅ひ	よ	こ			
		う			
		き			

Unit 3 P54-55

<正答>

1.

			B ゆ			
	1 い	っ	ぱ	E い		
	A び		く		も	
2 り	ょ	う	り		う	
	う			3 と	け	い
	い		C ぞ			
4 せ	ん	ぷ	う	D き		
				ゃ		
	5 つ	づ	く			

2. 1. ② 2. ① 3. ③ 4. ③ 5. ① 6. ②
7. ① 8. ③ 9. ① 10. ②

Unit 4 P68-69

<スクリプト>

 A：これは だれのさいふですか。
B：それは やまださんのです。

1) A：しゅみは 何ですか。
B：りょこうです。

2) A：こんどうさんは かいしゃいんですか。
B：いいえ、カメラマンです。

3) A：あれは にほんごのほんですか。
B：いいえ、あれはノートです。

4) A：あの人は 日本人ですか。

B：いいえ、そうではありません。
韓国人です。

<正答>

1) c 2) b 3) d 4) a

Unit 5 P82-83

<スクリプト>

 A：いま、何時ですか。
B：4時30分です。

1) A：はじめまして。小泉です。
B：山田です。
どうぞよろしくおねがいします。

2) A：ひるやすみは何時から何時までですか。
B：12時から1時半までです。

3) A：けいたいは何番ですか。
B：010－721－4935です。

4) A：みかんはいくつですか。
B：よっつです。

<正答>

1) d 2) a 3) c 4) b

Unit 6 P96-97

<スクリプト>

 A：すみません。
このスーツはいくらですか。
B：63,500円です。

1) A：ようこさんのお誕生日はいつですか。
B：11月8日です。

2) A : きまつしけんはいつまでですか。
   B : 今週の金曜日までです。

3) A : いろえんぴつはぜんぶで何本ですか。
   B : 6本です。

4) A : すみません。あのめがねはいくらですか。
   B : 18,920円です。

<正答>

1) b 2) d 3) a 4) d

Unit 7   P110-111

<スクリプト>

 例
A : 竹内さんは目が大きいですか。
B : いいえ、大きくありません。
小さいです。
A : じゃ、かみは長いですか。
B : はい、長いです。

1) A : すみません。子供服売り場は何階ですか。
   B : 3階です。
   A : どうもありがとうございます。

2) A : 新しい部屋は広いですか。
   B : いいえ、広くありません。
   ちょっと狭いです。
   A : 駅は近いですか。
   B : はい、駅は近いです。

3) A : 日本語はおもしろいですか。
   B : はい、とてもおもしろいです。
   A : 中国語もおもしろいですか。
   B : 中国語はあまりおもしろくありません。

4) A : 新しいゲームですか。
   B : はい、とてもおもしろいですよ。
   A : むずかしいですか。

B : いいえ、ぜんぜんむずかしくありません。

<正答>

1) a 2) d 3) d 4) c

Unit 8   P123

<スクリプト>

 例
A : 東京はどんなところですか。
B : とてもにぎやかなところです。
人がとても多いです。

1) A : 日本語のクラスはどうですか。
   B : とてもおもしろいですよ。
   でも、漢字の勉強は大変です。

2) A : 井上さんはどんな方ですか。
   B : とても活発な方ですよ。
   A : 背は高いですか。
   B : はい、とても高いです。
   それにハンサムです。

3) A : あの人は誰ですか。
   B : 僕の友達です。
   A : 彼女はどんな人ですか。
   B : とてもやさしいです。
   でもちょっと消極的です。

<正答>

1) a 2) c 3) a

Unit 9   P136-137

<スクリプト>

 例
A : すみません。
紳士服売り場はどこですか。
B : 3階です。

1) A:学校の前には何がありますか。
   B:学校の前には大きい病院があります。

2) A:引き出しの中には何がありますか。
   B:辞書が2冊とノートが3冊、それからタオル
     が1枚あります。

3) A:パン屋はどこですか。
   B:銀行のすぐとなりです。

<正解>

1) d 2) a 3) c

Unit 10   P149

<スクリプト>

例
A:何人家族ですか。
B:3人家族です。父と母と私です。

1) A:何人家族ですか。
   B:4人家族です。妻と息子と娘と私です。
     それからねこが2匹います。

2) A:何人家族ですか。
   B:5人家族です。
     母と夫と息子が2人、それから私です。

3) A:何人家族ですか。
   B:4人です。父と母と姉と私です。

4) A:何人家族ですか。
   B:4人です。母と兄と妹と私です。
     それから犬が1匹います。

<正解>

1) d 2) b 3) e 4) c

지은이 소개

● **元美鈴（Won Mi Ryong）**

[学歴]
- 韓国外国語大学 日文日語課 博士課程 在学中
- 韓国外国語大学 教育大学院 日本語教育 修士
- 韓国外国語大学 日本語課 卒業

[職歴]
- (現) EBS教育放送ラジオ「中級日本語」進行及び教材執筆
- (現) 梨花女子大学校 言語教育院 講師
- (前) CHA医科大学(CHA University) 講師

[著書]
『달달 외우는 일본어 단어장』
『J-pop도 듣고 일본어도 배우고』
『일본어 첫걸음 모질게 끝내기』
『3重チェック日本語単語帳』
『日本語会話表現辞典』
『すらすら日本語』(入門・初・中・高級)
『ワクワク21シリーズ』(初・中・高級)
『일본어를 잡아라』(日本語入門書)

● **小出亜弥（Koide Aya）**

[学歴]
- 東義大学校 一般大学院 日語日文学科 博士課程単位取得
- 慶尚大学校 教育大学院 日語教育学科 卒業
- 日本 南山大学 外国語学部 日本語学科 卒業

[職歴]
- (前) 東釜山大学 専任講師
- (前) 梨花女子大学校 言語教育院 講師
- (前) 東明大学校 専任講師